楚楚升职记——出纳篇

杨良成 著

电子工业出版社
Publishing House of Electronics Industry
北京·BEIJING

内 容 简 介

本书以情景代入的方式，从新入职的出纳接触的日常工作入手，将出纳岗位应该掌握的财会理论知识融入实践之中，通过具体案例进行讲解，培养新人掌握出纳岗位的基本职业技能，潜移默化地传授职业道德，让新入职的出纳迅速适应岗位工作并快速成长。

本书可作为财经类专业学生用书，也可作为企业新入职会计人员的培训教材和参考读物。

未经许可，不得以任何方式复制或抄袭本书之部分或全部内容。
版权所有，侵权必究。

图书在版编目（CIP）数据

楚楚升职记：出纳篇 / 杨良成著 . —北京：电子工业出版社，2021.4
ISBN 978-7-121-40995-0

Ⅰ. ①楚… Ⅱ. ①杨… Ⅲ. ①财务会计—通俗读物②财务—出纳—通俗读物
Ⅳ. ①F234.4-49 ②F231.7-49

中国版本图书馆 CIP 数据核字（2021）第 070225 号

责任编辑：徐　玲
印　　　刷：北京天宇星印刷厂
装　　　订：北京天宇星印刷厂
出版发行：电子工业出版社
　　　　　北京市海淀区万寿路 173 信箱　邮编 100036
开　　本：720×1 000　1/16　印张：12.75　字数：164.4 千字
版　　次：2021 年 4 月第 1 版
印　　次：2021 年 12 月第 2 次印刷
定　　价：88.00 元

凡所购买电子工业出版社图书有缺损问题，请向购买书店调换。若书店售缺，请与本社发行部联系，联系及邮购电话：（010）88254888，88258888。
质量投诉请发邮件至 zlts@phei.com.cn，盗版侵权举报请发邮件至 dbqq@phei.com.cn。
本书咨询联系方式：xuling@phei.com.cn。

前言

楚楚升职记——出纳篇

许多刚毕业的财经类专业的大学生，初入社会，毫无实践经验，被单位录用后，马上要在相应的岗位开展工作。而学校很少针对岗位开设课程，财经类课程多是讲会计原理等方面的理论知识，缺少实践教学和岗位教学内容，没有情景代入感，所以很多同学上岗之初毫无头绪。

针对以上现状，笔者于2014年创作了"纪小羊做会计"系列图书，该系列图书包括《纪小羊和她的出纳工作》《纪小羊和她的会计工作》《纪小羊和她的财务管理》，通过讲故事和情景代入的方式，将会计系列中三个岗位必须熟知熟会的业务处理事项逐一讲述。这一系列图书出版发行后，市场反映良好，获得了众多财经类专业初学者的赞誉和青睐。许多读者认为这一系列图书充满了生活气息和人文气息，犹如身临其境，在现场学习交流一般。

随着我国经济的快速发展，财税方面的法律法规更新加快，"纪小羊做会计"系列图书已经在很多方面与当前的现实不符，必须进行修订改版，否则会对读者造成误导。于是，笔者在"纪小羊做会计"系列图书的基础上，根据现行的财税法律法规进行了修订和再创作，形成了"楚楚升职记"这一新的系列图书：《楚楚升职记——出纳篇》《楚楚升职记——会计篇》《楚楚升职记——财务经理篇》。

《楚楚升职记——出纳篇》作为一本入门书，从第一笔借款开始，对出纳在日常工作中遇到的实例和问题逐一进行讲解：如何报账；收到货款如何开发票；支付货款怎样开具支票；什么是日清月结，以及如何进行日清月结；什么是短款、长款，出现了短款、长款如何处理；怎样辨别钞票的真假，收到假钞、残损钞票应该如何处理；为什么要代扣代缴个人所得税，如何申报个人所得税；这些都是出纳工作需要面对和处理的现实问题。书中新入职的楚楚在解决了一个个问题后，从一个一无所知的新出纳，成长为能熟练处理业务的老出纳。

《楚楚升职记——出纳篇》通过讲故事的方式，对出纳日常工作中所涉及的事项和问题进行了通俗易懂的讲解，讲述了新入职的楚楚如何在实践中学习，在学习中成长。

《楚楚升职记——出纳篇》中描述的财务部的钱经理、艾会计、王丽，既是楚楚的领导、同事，又是楚楚业务上的老师。楚楚在钱经理、艾会计、王丽的悉心指导下，从最基础的入门工作开始，逐步熟悉了出纳岗位工作中的现金核算与管理、银行存款核算与管理、核算工资与发放工资、仓库存货盘点、日常报税等工作，并迅速掌握了出纳岗位工作的技巧，还能协助会计做其他综合性的工作，如办理银行授信的有关事宜、接受集团公司审计、接受税务审计、开展经济普查等工作。在工作中，楚楚一步步成长。

当然，师傅领进门，修行在个人。出纳的成长不能依赖别人。楚楚边工作边总结：当出纳就要做一个有心人，工作中要用心；出纳要用耳听，用眼看，用嘴问，用心想；辨别钞票的真假时，一摸二看三听。实际上，这也是出纳快速成长的一种方法。

本书初稿完成后，请了十几位出纳试读，有的出纳说讲得很生动；有的出纳说很实用；有的出纳说充满了人文情怀，即使没有实践经验，也学会了当出纳处理业务的方式方法；有的出纳甚至说，这本书就是一个身边的老师，即使缺少实践经验，开展工作也有了底气。

愿本书能给您的工作带来启迪和帮助！

杨良成

楚楚升职记——出纳篇

目录

1. 初入职场　/02
2. 出纳上岗　/11
3. 司机借款　/16
4. 采购报账　/24
5. 收到货款　/33
6. 开具支票　/40
7. 日清操作　/46
8. 银行付款　/52

9. 费用报销　/58
10. 错账更正　/64
11. 收到假币　/70
12. 银行汇票　/77
13. 单独理账　/81
14. 查错技巧　/86
15. 装订凭证　/91
16. 计算工资　/97

V

17. 发放工资　　　　　　　　/105
18. 月结工作　　　　　　　　/110
19. 现金盘点　　　　　　　　/114
20. 编制银行存款余额调节表　/118

21. 生活财务　　/122
22. 申报系统　　/126
23. 个人所得税　/130
24. 纳税申报　　/138
25. 银行事务　　/156
26. 内部审计　　/161
27. 经济普查　　/167
28. 税务稽查　　/171
29. 继续教育　　/176
30. 年度结转　　/180
31. 年度总结　　/184
32. 年报审计　　/188
33. 离任交接　　/192

楚楚升职记——出纳篇

"出纳怎样入岗？
新人交接要走
哪几步呢？"

1. 初入职场

入职即入岗，出纳怎样入岗？新人交接要走哪几步？新人楚楚一头雾水。

楚楚怀着忐忑不安而又兴奋的心情来到公司报到。她只认识公司里的两个人，一个是人事部的任经理，另一个是财务部的钱经理。楚楚收到应聘通知到公司应聘时，是任经理和钱经理面试她的。很幸运，没有任何职业经历的楚楚竟然通过了面试。刚出校门，便能找到一份自己喜欢的工作，喜悦之情，难以言表。

一天之计在于晨

今天，楚楚到财务部钱经理处报到，她的岗位是出纳。

楚楚比公司规定的上班时间早到了十分钟，到财务部时，她才知道更有早行人，钱经理已经到办公室了，办公室里还有两个人正忙碌着。钱经理逐一进行了介绍，年长的是艾会计——艾蓉，正在埋头工作的是即将休产假的出纳王丽。

王丽很快要休产假了,楚楚是来接替王丽工作的,王丽需要移交出纳工作给楚楚。

第一步:账簿移交

首先是账簿移交。此时,王丽正在按钱经理的吩咐在艾会计的指导下制作出纳账簿移交表(见表1-1)。艾会计是监交人。

表1-1　　　　　　　　　　　　出纳账簿移交表

名　称	数　量	备　注
现金日记账	1	余额相符
银行存款日记账	1	余额相符
小计	2	

移交人:　　　　　　　接交人:　　　　　　　监交人:

账簿移交很简单,就是两本明细日记账的移交。王丽在现金日记账的余额处盖上了自己的人名章(王丽)。银行存款日记账共有四个账户,一个基本账户,三个一般账户。基本账户可以取现金,一般账户只能转账支付。王丽在四个账户的余额处盖上了自己的人名章(王丽)。

艾会计告诉楚楚,王丽在交接的余额处盖上她的人名章,表示她对以前的发生额和交接的余额负责。以后再发生业务时,楚楚可以在后面空白处进行填写,新的发生额和余额自然要由楚楚来负责了。楚楚点了点头。

> 对余额相符进行确认后，在移交表中的备注栏写上"余额相符"，然后由移交人、接交人和监交人签字。

艾会计

楚楚

第二步：资金移交

接下来是资金移交。王丽编制了出纳现金移交表（见表1-2）。

表1-2　　　　　　　　　　出纳现金移交表

年　月　日　　　　　　　　　　　　　　　金额单位：元

项　目	明　细		金　额
1. 账面余额			9 775.80
2. 未入账收入（1 062.90元）	将收回司机报销的差旅费用冲领备用金余额		264.40
	收到公司废品变卖收入		483.50
	收到采购部采购低值易耗品临时借用未用完的现金余额		315.00
3. 未入账支出（4 620.60元）	司机报销差旅费用		1 735.60
	采购低值易耗品费用		2 685.00
	临时劳务工资		200.00
4. 现金余额（6 218.10元）	百元	60张	6 000.00
	伍拾元	2张	100.00
	贰拾元	5张	100.00
	拾元	1张	10.00
	伍元	1张	5.00
	壹元	3张（枚）	3.00
	伍角	张（枚）	
	贰角	张（枚）	
	壹角	1张（枚）	0.10

移交人：　　　　　　　接交人：　　　　　　　监交人：

艾会计先核对了账面余额，然后告诉楚楚，账面余额准确无误。艾会计将王丽的现金日记账翻开，指着最后的余额让楚楚和出纳现金移交表中的账面余额核对，楚楚确认相符后，由楚楚在出纳账簿移交表（见表1-1）中的现金日记账的备注栏写上"余额相符"的字样。

接下来核对未入账收入和未入账支出金额，未入账收支需要看单据。王丽从保险柜中将未入账收支单据取了出来，收入和支出已经分好类了。王丽拿着计算器，逐张加给楚楚看，然后又让楚楚逐张计算，看金额是否相符。

这是楚楚第一次接触实务，紧张得手心都出汗了，数字也加错了，和王丽的未入账金额对不上。她静下心来，认真复核了两遍，终于和王丽的未入账金额相同，才如释重负。

艾会计告诉楚楚，公司规定的库存现金限额是1万元。除发放工资外，现金只要超过1万元，超出金额都要存入银行。出纳每天编制现金日报表时，应该没有未入账收入和未入账支出。移交表上的未入账收入和未入账支出都是昨天要下班时发生的业务。王丽已经编制完现金日报表，所有收支单据都已经交给了艾会计。例如，司机报销差旅费用，借的备用金是2 000元，实报1 735.60元，退回264.40元。采购低值易耗品借的备用金是3 000元，实报2 685元，退回315元。

什么是库存现金的限额？

库存现金的限额，由开户银行根据开户单位的实际需要和距离远近等情况核定。其限额一般按3~5天日常零星开支所需现金来确定。若离银行较远或交通不便的企业，银行最多可以根据企业15天的正常开支需要量来核定库存现金的限额。

正常开支不包括企业每月发放的工资和不定期差旅费等大额现金支出。另外，公司用备用金方式支取现金，当日不能超过人民币5万元（不含5万元）。

接下来是现金移交。王丽将现金分得很仔细，100元的、50元的、20元的、10元的、5元的钞票，她都进行了分类，100元的、50元的钞票，她用验钞机过了一遍，然后又用手点了一遍，小面额的钞票她直接用手点了两遍。

点过钞票后，王丽用计算器加给楚楚看，总额和出纳现金移交表上的金额相符。王丽将钞票交给楚楚后，半开玩笑半当真地说："小楚，你可要清点好，少了我可不补。"

楚楚听后，心情马上沉重起来。艾会计在旁边补充道："多了可是要退给王丽的。"

这样一说，楚楚更不敢马虎了，楚楚接过的钞票仿佛成了烫手的山芋，那薄薄的几张钞票似乎千斤重。楚楚心想自己一定要争气，一定要点准，并且以后要向王丽学习，点钞无非是熟能生巧的事，以后没人的时候，自己多练练点钞，肯定能达到王丽的水平。大面额的钞票，怕有假钞，她在验钞机上过了一遍。小面额的钞票，她也清点了两遍。然后汇总，确定无误后，她才点了点头。

出纳现金移交表的下面需要移交人、接交人和监交人签字。王丽先在移交人处签了字。楚楚等王丽签字后，也郑重地在接交人处签上了自己的名字。艾会计极其熟练地复核后，在监交人处签了字，又在空着的移交日期处填上了日期，然后交给钱经理。钱经理复核后签上他的名字。一旁的楚楚长吁了一口气，以为出纳交接工作做完了。可她不知道，移交工作只是刚开始，接下来的事还有很多。

第三步：票证实物移交

王丽编制了出纳票证实物移交表（见表1-3）。

表 1-3　　　　　　　　　　出纳票证实物移交表
年　月　日

移交名称	内　容	明　细
1. 现金支票	1. 已用 10 张	票号：04777301～04777310
	2. 未用 15 张	票号：04777311～04777325
2. 转账支票	1. 已用 20 张（基本账户：汉口银行）	票号：06130001～061300020
	2. 未用 5 张（基本账户：汉口银行）	票号：061300021～061300025
	3. 已用 10 张（一般账户：中国工商银行）	票号：01306001～01306010
	4. 未用 15 张（一般账户：中国工商银行）	票号：01306011～01306025
3. 收款收据	1. 已用 15 张	收据号 0023501～0023515
	2. 未用 10 张	收据号 0023516～0023525
4. 财务印鉴	财务专用章	1 枚
	法人代表章	1 枚
5. 钥匙	办公室钥匙	1 把
	保险柜钥匙	1 把
6. 密码	保险柜密码	××××××
	银行账户网银密码	××××××

移交人：　　　　　　　接交人：　　　　　　　监交人：

　　第一项是支票，包括现金支票和转账支票。第一栏是现金支票，出纳票证实物移交表中注明了已用 10 张，未用 15 张，以及每张支票的票号。艾会计在楚楚清点核对时，在旁边指导她，如果支票开错了，在现金支票上写"作废"字样，并将作废的现金支票和支票存根一同保存，不能随意撕毁。现金支票清点完，接着是清点转账支票，方法同现金支票。转账支票有两本，一本是基本账户汉口银行的，另一本是一般账户中国工商银行的。

　　第二项是收款收据，出纳票证实物移交表中注明已用 15 张，未用 10 张，以及起止号码。楚楚核对时，艾会计告诉她，支票和收据都是重要票证，一定要妥善保管。

　　第三项是财务印鉴，包括财务专用章和法人代表章。

　　第四项是钥匙，包括办公室钥匙和保险柜钥匙。

　　第五项是密码，包括保险柜密码和银行账户网银密码。

王丽逐一清点后交给楚楚，楚楚再次清点确认后，双方分别在移交人、接交人处签了字，艾会计和钱经理在监交人处签了字。楚楚签完字后，怕王丽走，急忙红着脸说："王出纳，保险柜的密码您还没告诉我呢。"

　　王丽和艾会计、钱经理一起笑了起来。艾会计慢条斯理地说："看把你急的。"楚楚被笑得不好意思了，这才知道票证实物移交的最后一项是移交密码，此时艾会计和钱经理自觉地走出了办公室。楚楚事后才知道，这是机密，不能有第三个人知道，即使是艾会计和钱经理也应该回避。王丽手把手地教会楚楚开保险柜、锁保险柜，以及更改保险柜密码。楚楚边学边想：保险柜一接，责任就更大了！

　　王丽吁了口气，仿佛完成了一项艰巨的任务。而此时的楚楚却觉得身上的担子一下沉重了起来。

　　为什么配备保险柜？如何使用保险柜？

　　为了保证单位财产的安全，用于存放现金、各种有价证券、银行票据、财务印鉴及其他收支票据等，单位专门配备保险柜。

　　出纳应妥善保管保险柜钥匙，不得将保险柜钥匙交由他人代为保管；对保险柜密码严格保密，不得向他人泄露，出纳岗位变动时，新任出纳应立即更新保险柜密码。

第四步：核对银行余额

　　这时候，艾会计和钱经理进来了。钱经理对艾会计说："艾会计，你陪她们去银行核对一下余额。"

　　楚楚这时才知道，交接并未结束，还有流程要走。楚楚事后得知，公司的预留印鉴还有一枚，由钱经理保管。如果公司的预留印鉴是法人代表和出纳的，更换了出纳，还需要更换印鉴。好在公司在银行的预留印鉴是法人代表和钱经理的。

艾会计、王丽、楚楚先来到开设基本账户的汉口银行。在银行，王丽向银行工作人员进行了介绍："这是公司新来的出纳楚楚，以后公司的银行事宜由她来办理，请多支持。"银行工作人员将公司的本月发生额及余额表交给王丽。王丽交给艾会计后，艾会计和自己抄过来的账面金额核对无误后，一行三人才离开。然后又到了三家开设一般账户的银行，三个人都核对完，确认无误后一起回到公司。接下来，艾会计指导楚楚在表1-1中的银行存款日记账的备注栏中写上"余额相符"的字样，大家在表1-1上逐一签字。后来楚楚做出纳工作时得知，公司开通了网上银行，随时可以在计算机上查询余额，但为了谨慎起见，还是要到银行现场核对余额。这是对交接双方的当事人负责。

这一系列手续办下来，花了一上午的时间。虽然王丽将业务交给了楚楚，但她暂时还不会休假，钱经理已经跟她谈过话，她还从事部分出纳的工作，同时还要带楚楚一段时间。

王丽嘱咐楚楚："艾会计既是同事，又是师长，以后有问题，要多向艾会计请教。"楚楚感激地点着头对艾会计说："那是肯定的！"大家这才看到拘谨了半天的楚楚终于放松了，艾会计和钱经理也不禁为之松了一口气。

第五步：移交资料存档

艾会计边收拾移交表边对楚楚说："小楚，出纳移交是财务移交中的一个重要部分，必须要有会计和财务负责人现场监交，这是财务纪律，是对移交人和接交人负责，也是对公司财务负责，移交后的资料还要存档。"说完以后，艾会计将移交资料逐一收好，登记编号目录，然后放到了财务档案柜中。

楚楚原来认为出纳是一项很简单的工作，就是收款、付款而已，

没想到手续这么复杂，仪式这么庄重。真是不入行不知道，一入行吓一跳。自己原来想得太简单了，以后要多向艾会计、王丽请教。她们都是自己的师傅。

楚楚上学时就喜欢总结，已经形成了习惯，交接完，她也对出纳交接工作做了一番总结：**交接交接，一交一接。交接哪些？一交账，二交钱，三交票证与印鉴，四交密码与钥匙，保管保密紧相连。**

交接是岗位责任、风险的交接，也是工作状态的交接。对于交出方，是卸下这个岗位责任，对于接交方，意味着接下这个岗位责任，如果以后在这一岗位工作中出现问题，接交方就要义无反顾地承担下来。同时，交接也为责任的划分确定了法律上的时间界限。

2. 出纳上岗

出纳上岗，首先要知道自己日常工作包括哪些范围，要做哪些具体工作，有哪些注意事项。

办理完交接手续，楚楚将现金、票据和财务印鉴等锁到了保险柜，将自己的物品放到了办公桌的抽屉里。这时，财务部钱经理通知她和王丽一起到他的办公室开会。

楚楚和王丽进了钱经理的办公室，钱经理分别给了她们一张表。楚楚的表是**出纳岗位（一）职责（主要任务为日常收支）**。其主要内容如下：

1. 及时整理在手单据，移交会计主管，并编制记账凭证。

2. 定期核对现金与账目。

3. 及时收回公司各项收入款，开出收款收据或增值税专用发票，收回的现金及时存入银行，杜绝坐支现金。

4. 按照财务制度，办理现金的收付和银行转账业务。

5. 严格执行支票领用手续，按规定签发现金支票和转账支票。

6. 每天工作日结束前，及时盘点库存现金。

7. 每周五下班前将资金周报表、现金盘点表交会计主管及财务负责人审核。

8. 每月及时发放职工工资和其他应发放的经费。

9. 每月最后一天将资金月报表、银行存款余额调节表及现金盘点表交会计主管及财务负责人审核并装订。

10. 办理办公用品采购、报销等综合事项。

楚楚明白出纳岗位（一）的职责，就是自己以后日常工作的主要内容。但楚楚这时就有疑问了，自己拿到的是出纳岗位（一）职责，难道还有出纳岗位（二）职责？钱经理似乎看穿了楚楚的心思，告诉她，王丽手中拿着的正是出纳岗位（二）职责（主要任务是银行、税务及销售事务）。其主要内容如下：

1. 每月增值税专用发票抵扣联的收集、登记与认证。

2. 每月按照规定时间申报纳税。

3. 每月与各银行对账。

4. 每月在规定的时间内及时缴纳五险一金。

5. 整理各类合同，进行电子扫描并分类归档，进行印花税的清缴。

6. 5月31日前完成上一年度所得税汇算清缴。

7. 融资工作，配合财务经理完成各银行贷款所需要资料的收集、整理并报送。

8. 配合销售部工作，与销售部对接，核查销售款的入账，督促销售员应收账款的催收进度。

钱经理同时说明，楚楚未到岗时，出纳岗位（一）和出纳岗位（二）的工作都是王丽在办理。从现在开始，出纳岗位（二）就是王丽的日常工作。

钱经理讲了此次岗位分设的原因：一是随着公司业务的发展，财务要储备人才和资源；二是随着公司应收账款的增加，也需要一个专门办理对外业务的财务人员，包括对外催收应收账款，办理银行、税务事项等。从出纳岗位分工来看，一个是对内的日常工作，另一个是对外的日常工作。

接着，钱经理介绍了财务的大岗位工作制。所谓的大岗位工作制，就是对应岗位的每个员工，必须能够熟练操作这一岗位上的所有工作。对出纳岗位来说，要能够熟练操作出纳岗位（一）和出纳岗位（二）的工作。

前面王丽移交的只是出纳岗位（一）的工作，她现在还从事着出纳岗位（二）的工作。钱经理希望王丽在休产假前多带楚楚，让她快速适应出纳岗位（一）的工作，并在此基础上熟悉出纳岗位（二）的工作。

王丽对楚楚今天的表现相当满意，对楚楚未来的工作充满了信心，向钱经理表态一定按钱经理的安排，多指导楚楚，让她尽快上手。从内心来说，王丽对公司是心存感激的，包括对财务部的同事及领导钱经理。因为知道王丽怀孕之后要休产假，公司及财务部未雨绸缪，提前进行了人事规划和岗位调整。王丽也想早点带会楚楚，这样自己才能安心休产假。

刚上岗便接了出纳岗位（一）的工作，楚楚觉得自己头上已经如孙悟空一样，戴上了一个紧箍咒。

过一会儿王丽出去了，钱经理单独找楚楚谈话："自工作交接以来，你已经上岗，从此就是公司的财务人员了，以后要学习的知识和技能还有很多，需要逐步在实践工作中掌握。目前重点要说明和注意的事项有两个。一是三个月的试用期。根据公司规定，员工入职有三个月的试用期。试用期满后，经过考评合格，才能签订正式劳动合同。虽然未签订正式劳动合同，但也会签临时劳动合同，这三个月试用期，公司也会按照规定，办理五险一金。二是出纳的保密意识。"

楚楚理解三个月的试用期，她在其他单位面试时，也有试用期，一般都是三个月。试用期合格，达到企业任用的标准，才能正式录用。这三个月，就是对自己工作的考验期。楚楚心里知道，能不能留下来在这个公司工作，就看自己未来三个月的表现了。

> 出纳岗位很重要，长期接触公司的重要资产——货币资金，出纳经办公司所有重要经济事项的收付，知晓公司几乎所有经济事项的秘密，必须要有严格的保密意识，做到守口如瓶，即使是对自己最亲密的人，也不能透露丝毫信息。

钱经理

关于出纳的保密意识，钱经理说得通俗易懂："嘴上要有一个把门的！"

其实公司与员工签订正式劳动合同时，都签有保密协议，员工必须保守公司秘密。但因为财务人员岗位的特殊性，钱经理等不到楚楚三个月试用期满，与她签正式劳动合同时再告诉她，保密意识要从她上岗的第一天起就要培养，所以交接完后，钱经理在第一时间就告知楚楚这一财务纪律。

钱经理还告诉楚楚可以告知的对象和不能告知的对象。直接对口的财务人员，如钱经理、艾会计、财务总监、总经理等，有权了解财务相关信息的人员是可以告知的；除此以外，一定要"六亲不认"，最亲密的人都不行。当钱经理问楚楚，有没有信心做好出纳工作，严格遵守保密规定时，楚楚清脆地回了一个字："有！"

这一表态，终于让钱经理把心放到了肚子里面。

这时，楚楚收到了王丽在QQ上传过来的一张电子表格。楚楚一看，是公司员工通信录，上面有部门、职务、姓名、电话、微信、QQ等信息。

楚楚最关心的是财务部的人员，艾会计的名字是艾蓉、王出纳的名字是王丽，钱经理的名字是钱兴旺，这些都是自己以后每天要打交道的人，都是自己的师傅，今天就已经接触很多次了。楚楚接着看到了行政部经理任洋的名字，还有领导一栏中财务总监赵玉平、总经理郑谦等人的名字。楚楚在心里自言自语道："要记住的东西太多了，脑子要当计算机用才行！"

正当她思索的时候，QQ、微信都来了信息，是公司群管理员邀请她加入群的信息。行政部的人事专员吴慧慧专门发了"欢迎新员工楚楚加入我们大家庭"的欢迎语，王丽在微信中发了一个欢迎的烟花。楚楚马上回了大家的信息：新人报道，请多关照！

这时，王丽又转给了楚楚一篇她从网络转载过来的出纳工作"三字经"。

出纳员，很关键；静头脑，清杂念。
业务忙，莫慌乱；情绪好，态度谦。
取现金，当面点；高警惕，出安全。
收现金，点两遍；辨真假，免赔款。
支现金，先审单；内容全，要会签。
收单据，要规范；不合规，担风险。
账外账，甭保管；违法纪，又罚款。
长短款，不用乱；平下心，细查点。
借贷方，要分清；清单据，查现款。
月凭证，要规整；张数明，金额清。
库现金，勤盘点；不压库，不挪欠。
现金账，要记全；账款符，心坦然。

虽然楚楚还不能深刻理解这里面的含义，但她觉得这个顺口溜朗朗上口，肯定对以后的工作有帮助。她马上收藏起来，以备工作时查看。

3. 司机借款

出差之前往往要办理借款。借多少？怎样办理借款手续？财务有制度，公司有规定，一切按规章办理，特殊情况特殊处理。

司机杨华走进了财务部。

行政部安排司机杨华陪同公司总经理郑谦到省城出差，杨华要预借差旅费。杨华拿着郑总签批过的借款单，走到王丽桌前说："王出纳，我要陪郑总出差，办理借款。"

王丽忙起身将单据接了过来，快速浏览了一遍后交给身后的楚楚，并对杨华说："杨华，这是公司新来的出纳楚楚。"接着对楚楚说："这是公司的司机杨华。预借差旅费，原则上要有部门负责人、财务部负责人审核和主管副总、主管财务副总和总经理签批，才能支付。他这笔借款，手续都齐了，你可以给他付款。"

借款单格式如表3-1所示。

楚楚接过借款单，借款单的第一行为部门（行政部）、借款人（杨华）和付款方式（现金），第二行为借款事由（到省城出差，预借差旅费）。第三行为借款金额的大写（叁仟元整），后面跟着小写金额（3 000.00）。借款人签字处是司机杨华的签名。签字栏中：部门负责人任洋批的是"情况属实"，财务部负责人钱兴旺批的是"符合借款规定与额度"，主管副总及主管财务副总都签字了，总经理郑谦批的是"同意借款"。

表 3-1　　　　　　　　　　　借　款　单

年　月　日

部门		借款人		付款方式	现金□　支票□	
借款事由			收款单位			第一联　留存联
			开户银行			
			银行账号			
借款金额	（大写）　　佰　拾　万　仟　佰　拾　元　角　分整				¥_____	
签字	总经理 年月日	主管财务副总 年月日	主管副总 年月日	财务部负责人 年月日	部门负责人 年月日	

借款人签字：

注：公出返回要在五日内结清借款，否则于次月在工资内扣除。前款应清未清，后款不借。
　　借款单一式三联。第一联：留存联，第二联：付款联，第三联：冲销联。

　　这是楚楚接手出纳后的第一笔业务，她将单据看得很仔细。

　　借款单一式三联：第一联"留存联"留存在财务部；第二联"付款联"是公司用来记账的；第三联"冲销联"是给借款人的，当借款人归还借款时，拿此联到财务部，财务部开收据，收回款项，冲销此笔借款。

　　借款单的下面有一行字"注：公出返回要在五日内结清借款，否则于次月在工资内扣除。前款应清未清，后款不借。"

　　这一行批注说明了借款归还的纪律，规定必须在出差返回后五日内结清借款，办理还款，否则要从经办人员次月工资内扣除，"前款应清未清，后款不借"也是借款人必须遵守的。这也是财务人员所要坚持的原则。

　　王丽说的话还在楚楚耳边回响："预借的差旅费，原则上要有部门负责人、财务部负责人审核和主管副总、主管财务副总和总经理签批，才能支付。"看来这张单据所有条件都符合要求，王丽刚才也说了，手续齐全，可以付款。

　　于是，楚楚打开保险柜，取出现金，在验钞机上过了一遍，又用手清点了一遍，才交给司机杨华。杨华在楚楚用验钞机清点时，已看清了清点的张数，接过钱，直接走出财务部。

杨华后脚还没迈出门，王丽便提醒楚楚道："小楚，不管钱多钱少，不管你清点了几遍，每次你都要提醒借款人清点，出门之后概不负责。不然有事就说不清楚了。在银行办理业务时，银行的柜台上就有温馨提示：请客户认真清点，离柜概不负责。"

楚楚一想，银行的柜台上还真有这样的提示，以前没注意，也没细想，真是处处留心皆学问。

王丽又说，这个基本常识通俗地讲就叫唱收唱付：出纳收钱时，应当在交款人面前清点后，立即报出所清点的金额，获得对方的确认；出纳付钱时，应当在交给收款人的同时，报出所支付的金额，并要求收款人当面清点，双方确认无误。收付双方当面报出金额并确认的过程，就是唱收唱付。

王丽提醒完楚楚后又从档案柜中找出了一本《公司管理制度汇编》递给楚楚，对她说道："小楚，万事开头难，你要学的东西多着呢。俗话说：国有国法，家有家规。公司有公司的管理制度。我也不能一下子全部教会你，慢慢来。来办理借款业务，我们就先学关于借款的规定。"

楚楚接过资料，只见上面写着关于借款的条款。

1. 个人不能因私事向公司借款。

2. 公司职工因工作需要借款时，必须按规定办理手续后方可借款，借款手续规定如下：

（1）借款用途在预算范围之内。

（2）填写借款单。

（3）经手人签字，部门负责人签字同意。

（4）送财务部审查核定预算并由财务部负责人签字。

（5）送主管副总审核并签字。

（6）送主管财务副总审核并签字。

（7）送总经理审核并签字。

3. 1 000元以上的借款，除出差或其他经主管财务副总同意的特殊需要外，不得借用现金。

4. 因公借款必须在事情办理完毕后迅速到财务部报销，最迟不能超过一周，否则不予报销。

楚楚将司机杨华的借款单拿出来和规定逐一对照，部门负责人批的是"情况属实"，财务核定借款标准，财务部负责人批的是"符合借款规定与额度"，主管副总和财务副总已签字，总经理批的是"同意借款"。难怪王丽看了借款单说符合规定，让她付款。王丽看楚楚认真对照，又补充道："其实每个单位有每个单位的规定，俗话说'没有规矩，不成方圆'。这就是我们公司关于借款的规定。其他的规定还有很多。以后接触到新业务，我就告诉你看什么制度，让你一样样地学。"

"当然也不能死学，还要随机应变。"王丽看楚楚拿着规定翻来覆去地看，大有将借款相关规定背下来的劲头，又继续说道，"如果部门负责人、财务部负责人或主管财务副总不在，而公司又有特殊情况或紧急事项要处理，需要临时借款时，我们就要变通，打电话向他们请示，征求他们的意见，先办理，等他们回公司后再办理补签手续。"

不过楚楚还是有疑问，特别是第一条，个人不能因私事向公司借款，她是初生牛犊不怕虎，也不怕冒昧，急切地问道："要是职工有特殊情况，如生病住院，或是家庭特别贫困，子女要上学，需要临时借款，以后用工资来还，是否可以呢？"

王丽看着楚楚一副孺子可教的可爱样子，不禁乐了，笑道："这是特殊情况，要向领导汇报，我想公司领导会从人性化的角度考虑的。只要手续办好了，我们就可以付款。不过我们也要防止别人找各种由头来借款，要按制度和规定来处理。"

其实王丽到公司工作以来，只经手过一次对私借款。那是生产车间的一个员工，家庭困难，家人住院，急需用钱。员工没有主动向公司申请，公司领导知道情况后主动让员工办理借款申请，以后逐月从工资中扣回。当然这属于特殊情况，只能特殊处理。

关于借款，楚楚没做出纳以前，也有自己的认识。自己的父母也曾向亲朋好友借过钱，别人也曾向自己的父母借过钱。自己上学时，同学之间也互相借过钱。这是一件很普通也很普遍的事情。但自己向别人借钱时，总觉得难为情，不好意思开口，别人向自己借钱时，借了生怕别人不还，自己又不好意思拒绝，怕伤感情。单位就不同了，单位借钱有规章制度，要按规章制度办。

楚楚触类旁通，心想：以后别人来借钱，我按规矩来，不存在难为情的事，这是对事不对人。看来还是有规矩好，我以后也要在心中立个规矩，私人借钱的，是怎样的朋友级别或是什么样的亲属关系才能借钱，什么级别的能借多少钱，以后处理这样的事情就是小菜一碟，再也不会为难了。更有意思的是，领导审批也可以借鉴，我要向爸妈请示一下，因为自己没有那么多钱，这也是最佳理由。想到这里，楚楚心里不禁乐了："呵呵，原来学出纳，竟然还这样有趣。"

楚楚正暗暗自喜时，王丽又提示道："小楚，昨天也有笔借款，虽然借款单看不到了，但你可以看到借款的轨迹。"楚楚想了想交接的时候，是有一笔2 000元的借款，也是借的差旅费。但自己确实没看到借款单。她充满好奇地说道："计算机里是记录了一笔。"

王丽循循善诱地提示道："你想想移交表中的未入账收入是不是收到了司机退回来的264.40元，而未入账支出里面是不是报销了差旅费1 735.60元？这两笔加起来是不是刚好2 000元。你再核对一下现金日报表，里面是不是记录借款2 000元？"

楚楚核对了现金日报表，确实记录的是借款 2 000 元，回想移交时，确实有退回来的 264.40 元在未入账收入里面，而未入账支出里面也有已报销差旅费 1 735.60 元，二笔相加，恰好 2 000 元整。楚楚对王丽的记忆力佩服得五体投地，眼神中充满了崇拜，脱口而出道："您真神了。"

王丽笑道："小楚，这只是一笔经济业务的始末，是经济业务发生的全过程。其实任何经济业务都有逻辑关系和因果关系，昨天杨华的借款，报销时借款没用完，所以要退回 264.40 元。假如我们今天这笔借款，杨华回来报账时，用了 3 500 元，你应该怎样处理呢？"

楚楚不假思索地回答道："再给他 1 500 元。怎么也不能让他自己出钱为公司办事，您说是不是？"

王丽看着心直口快的楚楚笑道："就是这个理。"

听到王丽对自己的肯定，楚楚心里不禁乐开了花。

楚楚正思绪万千时，王丽又提醒道："小楚，你将这笔业务登记在你的现金日记账上。每发生一笔业务，都要随手登记，要养成良好的习惯。"楚楚翻开现金日记账登记这笔业务。

> 王出纳，为什么别人将现金日记账说成现金流水账呢？

楚楚记得以前上作文课时，老师经常说某某同学的作文写得像流水账。当时自己就不懂，后来也经常听别人说流水账，好像就是现在所说的现金日记账。

流水账是一种通俗的说法。在会计学上，流水账的正式名称为序时账。它是以时间先后为顺序，依次登记账目的一种账簿，最常见的是现金日记账和银行存款日记账。这种账簿的最大特点是对发生的业务不加区分，只是按照时间先后顺序进行记录，是一种最基础、最简单的记账方法。别看只是一本小小的现金日记账，它里面的学问大着呢。

王丽看楚楚听得很认真，又继续解释着。

所谓"流水"，是人们对这种采取序时流水式的登记方法的形象描述。时光宛如奔流之水，财务记录一笔复一笔，亦如潺潺流水，奔流不息，这是形象上的比喻。

楚楚这才理解，原来流水账还有这样深刻的含义。王丽继续说："俗话说，好记性不如烂笔头。每天发生的经济业务繁多，出纳记好日记账，方便随时查找。习惯成自然，时间长了，你就会发现其中的好处。"

听王丽这么一说，楚楚更加认真了。楚楚想起来了，王丽今天移交的借款单据还没有登记在现金日记账上，是否也要登记呢？楚楚不敢自作主张，又问王丽道："王出纳，您今天交来的借款单据，是不是也要在现金日记账上登记？"

王丽说："那是肯定的！"

公司员工因公出差，可申请差旅费借款。借款单应注明借款人姓名、部门、借款事由、预借金额等内容，须有部门负责人、财务部负责人审核和主管副总、主管财务副总和总经理签字审批，财务部方能借支。

3. 司机借款

4. 采购报账

出纳要根据报销人所持凭据进行审核，符合要求，方能付款。

楚楚听到王丽对自己的认可，正乐不可支的时候，采购员张强进了财务部，他是来报销的。

张强跟司机杨华一样，不认识楚楚，一看财务部多了一位美女，不好意思直接跟楚楚搭讪，直接到王丽桌前，将自己的差旅费报销单交给王丽。王丽接过单据，快速浏览后交给楚楚，并给他们相互介绍。

楚楚接过差旅费报销单（见表4-1）后，王丽并没有像上次那样直接告诉她可以付款，看来王丽是要看自己如何处理业务了，楚楚惴惴不安。

单据很简单,差旅费共用了1 730.00元,交通费和住宿费都有发票，附在了差旅费报销单后面。楚楚一看发票上的金额，都和差旅费报销单上的一致，原借支2 000.00元，核销1 730.00元，退回270.00元，这都能理解。张强将以前的借款单也一并带来交给了楚楚。

表 4-1　　　　　　　　　　　　**差旅费报销单**

2020 年 3 月 12 日

出差人		张强		部门	采购部		事项		采购物品	
起止日期			起止地点		交通费	出差补贴			其他	
月	日	月	日	起	止		人数	天数	标准	金额	项目	金额
3	7	3	8	汉口	合肥	410.00 元	2	2	180.00 元/（人·天）	720.00 元	住宿	600.00 元
小计					410.00 元	小计			720.00 元	小计	600.00 元
合计						1 730.00 元						
报销金额	大写：佰　拾　零万壹仟柒佰叁拾元零角零分　¥ 1 730.00							财务审核				
借款金额	贰仟元整			退回金额		贰佰柒拾元整		补付金额				
签字	总经理	年 月 日	主管财务副总	年 月 日	主管副总	年 月 日	部门负责人	年 月 日				

关键是"出差补贴"，这是怎么回事呢？看来还是要向王丽请教。

> 王出纳，他这张差旅费报销单后面的发票金额都是对的，签字手续也都齐全，但是"出差补贴"是什么，我不懂，您能教教我吗？

王丽从档案柜中找出了资料，看楚楚急得脸都红了，忙安慰道："不慌，不慌。我找的就是这方面的资料。"那边张强听了王丽的介绍，方才知道楚楚是新来的出纳。现在听楚楚问王丽，知道她对公司差旅费的管理规定还不熟悉，也在一边解释道："这是公司的规定，我们是按公司规定填写的。"

楚楚接过资料，还是那本《公司管理制度汇编》，看来这是自己以后工作的主要依据，有空的时候要认真学习一下。王丽已经翻到了公司差旅费用管理办法这一页。

第一章　总则

第一条　为加强和规范公司差旅费管理，厉行节约、反对浪费，完善经济活动管理制度，结合公司实际，有效控制差旅费，制定本办法。

第二条　差旅费是指工作人员因公参加会议、考察调研、学习交流等出差所发生的城市间交通费、住宿费、伙食补助、市内交通费等。

第三条　公司从严控制出差人数和天数，严格差旅费预算管理，如实填写"出差审批单"，具体包括出差人员姓名、出差事由、地点、预计天数等。严禁无实质内容、无明确公务目的的差旅活动，严禁以任何名义和方式变相旅游及无实质内容的学习交流和考察调研。

第四条　公司按照分地区、分等级的原则制定差旅费标准，并根据市场及消费水平变动情况适时调整。

第五条　差旅费的管理原则：差旅费实行预算控制原则，按年初预算实行总额控制，在预算内按部门进行明细核算，将预算分解到月、季，及时进行预警提示，超过预算的不予报销。出差期间应勤俭节约，不奢侈浪费，严格按照预算开支。

第二章　城市间交通费

第六条　城市间交通费是指工作人员因公出差乘坐火车、轮船、飞机等交通工具发生的费用。

第七条　差旅费具体标准。

1.出差人员应当按规定等级乘坐交通工具，具体标准为：公司董事长、总经理（含常务副总、副总经理）出差可乘坐飞机经济舱、火车软卧席、高铁/动车一等座、全列软席列车一等软座、轮船二等舱。

中层管理人员出差可乘坐飞机经济舱、火车硬卧席、高铁/动车二等座、全列软席列车二等软座、轮船三等舱。

其他人员出差可乘坐火车硬卧席、高铁/动车二等座、全列软席列车二等软座、轮船三等舱。如遇特殊情况确需乘坐飞机（乘坐飞机需事先填写"乘坐飞机审批表"）、火车软卧席、轮船二等舱的，必须经部门负责人审核，由主管副总特批后方可报销。

2.乘坐火车硬座的出差人员，连续12小时或夜间（20：00—24：00、1：00—7：00）连续6小时以上，或需累计换乘12小时以上者，按硬座票价的50%给予补贴。

3.乘坐长途汽车出差人员，报销时需提供长途汽车票，实报实销。夜间（20：00—24：00，1：00—6：00）乘坐长途汽车、轮船最低一级舱位超过6小时的，每人每夜补贴30元。

4.副总及以上人员出差，因工作需要，随行人员可乘坐同等级交通工具。未按规定等级乘坐交通工具的，超支部分由个人自理。

第八条　到出差目的地有多种交通工具可选择时，出差人员在不影响公事、确保安全的前提下，应当选乘相对经济便捷的交通工具。

第九条　乘坐飞机的人员，民航发展基金、燃油附加费可以凭票据报销。

第十条　乘坐飞机、火车、轮船等交通工具的人员，每人次可以购买交通意外保险一份。公司统一购买交通意外保险的，不再重复购买。

第三章　住宿费

第十一条　住宿费是指工作人员（含司机）因公出差期间入住宾馆（包括饭店、招待所，下同）而发生的费用。

第十二条　副总及以上公司领导住单间或标准间，其他人员住标准间。

第十三条　住宿费具体标准如表4-2所示。

表 4-2　　　　　　　　　　住宿费具体标准

住宿费标准	住宿费（元）	
	副总及以上	其他人员
特殊地区	550	350
其他地区	500	320

注：特殊地区指北京、上海、广州、深圳。

第十四条　出差人员应当在职务级别对应的住宿费标准限额内，选择安全、经济、便捷的宾馆。住宿费在标准限额之内凭票据实报销，超过上限的住宿费用由个人自理。

出差人员如无住宿费发票，一律不予报销。住宿费发票原则上应当根据公司提供的信息开具增值税专用发票。

第四章　伙食补助费

第十五条　伙食补助费是对工作人员因公出差期间给予的伙食补助费用。

第十六条　伙食补助费标准为每人每天 100 元。

第十七条　伙食补助按出差自然天数计算，伙食补助按标准发放后不再凭票报销出差期间的餐费。

出差期间发生的招待费应按招待费报销规定报销，不随差旅费报销。

第五章　市内交通费

第十八条　市内交通费是指工作人员因公出差期间发生的市内交通费用。出差地市内交通费用按出差自然天数计算，按规定标准包干使用。

第十九条　出差地市内交通费，按省外每人每天 80 元、省内每人每天 50 元包干使用。

公司副总及以上人员因公出差,可报销出租车票。报销出租车票的,不再发放出差地市内交通费，随行乘坐人员，也不再发放出差地市内交通费。

公司副总及以上人员使用公车出差的，不再发放出差地市内交通费，随行出差人员也不再发放出差地市内交通费。

第六章　报销管理

第二十条　出差人员借款需填写"借款单"（一式三联），附总经理同意的出差审批单，按《公司费用支出管理办法》中关于"内部借款"的规定办理借款。

第二十一条　出差人员返回后，应于返回后5个工作日内办理报销手续，清理借款。

第二十二条　差旅费报销时应当提供出差审批单、飞机票或火车票、住宿费发票等凭证。

第二十三条　城市间交通费按乘坐交通工具的等级凭单据报销，订票费、经批准发生的签转或退票费凭单据报销。

第二十四条　单位财务部门应当严格按规定审核差旅费开支，对未经批准出差及超范围、超标准开支的费用不予报销。

出差当天返回的，可凭出差审批单报销飞机票或火车票、伙食补助费和市内交通费。

出差当天不能返回、发生住宿而无住宿费发票的，不得报销住宿费及城市间交通费、伙食补助费和市内交通费。

第二十五条　关于各种会议、培训等差旅费报销办法。

1.报销各种会议及培训等费用时需有经主管副总批准的会议通知或邀请函。

2.会议通知或邀请函中如注明统一安排食宿，会议期间凭会议发票实报实销；发生的会议、培训地点之外的费用及旅游费用不予报销；会议期间如经主管副总批准的出差，按差旅费报销办法执行。

3.到外地参加会议、培训或学习的人员，凡会议、培训班、学习班不包食宿的，按照差旅费标准给予伙食补助及报销住宿费用。

第二十六条　工作人员不得趁出差或调动工作之便回家探亲办事。

第二十七条　与原出差审批单规定的地点、天数、人数、交通工具不符的差旅费应由个人自理，因特殊原因或情况变化确需改变路线、增加或减少天数和人数、改乘交通工具等需经部门及主管领导、总经理同意后方可报销。

第二十八条　本办法由公司财务部负责解释，自发布之日起实施。

这个管理办法规定得很详细，几乎将出差可能发生的情况都考虑进去了。发生了哪些情况，可以报销哪些费用，怎样报销，都有明确规定，按规定办理即可。

楚楚看完后心想：住宿费标准是每人每天320元，张强报销的是600元，2人2天，即每人每天报销的住宿费为300元，按公司规定没有超标，可以报销；公司规定报销时要有住宿费增值税专用发票，住宿费增值税专用发票也附在后面了，应该还可以抵扣进项税额，怎么没看到抵扣联？

楚楚心直口快，想到了就脱口而出。

王丽赞许地点了点头："你看我的工作职责第一条就是：**每月增值税专用发票抵扣联的收集、登记与认证**。公司规定出差时取得的增值税专用发票，要在第一时间将抵扣联交到我这里进行登记，我每个月都要进行认证。他这张发票的抵扣联早已交到我这里来了。"

楚楚仿佛在自言自语又仿佛在向王丽请教："市内交通费，他们是省外的，1人1天80.00元，2人160.00元；伙食补助，1人1天100.00元，2人200.00元；那他的报销就符合规定了，我可以给他办理了。"

言行沉稳的王丽再次点了点头，采购员张强把应退给财务部的

270.00 元交给了楚楚。楚楚接过现金,清点后拿出收据,再次向王丽请教:"那我给他开张还款的收据?"看到王丽点头默许后,楚楚给张强开了一张收款收据,如表 4-3 所示。

表 4-3　　　　　　　　　　收款收据

收款收据

年　月　日　　　　№ 200786

交款单位 采购部张强

收款方式 _____

收款事由 归还出差借款

人民币(大写) 贰仟元整　　　　　　¥ 2 000.00

收款单位(盖章)　审核:　　记账:　　出纳:　　经办:

此联　记账联

楚楚将收款收据开好后,拿给王丽。楚楚心想:收据中的收款方式不好填,他既报销了费用,也交了钱,按说收款方式应该是现金或转账。他这里既有现金,也有类似于转账的,实际是报销抵账。不好写,我就不写了,以免出错。

王丽快速看了一下,拿给艾会计。艾会计审核后,在记账和审核后面签上了自己的名字,然后还给王丽。王丽这才递给楚楚。楚楚在收款单位(盖章)处盖上财务章后,第一联存根联留存在收据本上,将第二联收据联撕下来交给了采购员张强,将第三联记账联撕下来和张强报的差旅费放在一起,准备下班前编制好现金日报表,然后一起交给艾会计。

采购员张强拿到收款收据后,知道自己的出差业务已经办理完毕,还有其他的业务要办理。他将一份合同交给艾会计。这是代表公司进行采购签订的采购合同,合同上注明了交货时间、地点,也注明了付款方式、时间和金额。合同上有一张审核会签单,是采购部发起的,部门意见栏中有采购部蔡经理的签字，公司意见栏中也有郑总经理的签字。

艾会计审核合同时，楚楚开始编制现金日报表，先按原格式复制了现金日报表，将内容清空之后，在支出栏中将司机杨华的借款进行了登记，然后在收入栏中登记了张强的还款金额，张强报销的差旅费则登记到了支出栏中。楚楚对自己今天上班以来的表现还比较满意，给自己打了80分。

昨天接到入职通知，楚楚担心自己上班第一天会手足无措，因为自己毕竟没有工作经验，还一个劲地给自己打气：要多向同事请教，遇事要沉着冷静。

入职即上岗，楚楚首先进行出纳交接，接着就给司机杨华办理借款事宜，现在又给采购员张强报销。业务是一笔接着一笔。她以前常听别人说报销，还不知道是怎么回事，今天就亲自处理了一笔，真是"纸上得来终觉浅，绝知此事要躬行"。

> 出纳是付款前的最后一道审核关口，必须慎之又慎。

5. 收到货款

"不见兔子不撒鹰"，要想开发票，必须手续齐全。

楚楚正暗自陶醉时，公司销售部的赵金诚一脚跨进了财务部。他也不认识楚楚，径直走到王丽桌前。

王丽正忙着按艾会计的要求扫描采购员张强的合同。她的岗位职责中就有一条：梳理各类合同，进行电子扫描并分类归档，进行印花税的汇算清缴。

楚楚心想，财务部的事还真多，一刻也不轻闲，不知道进来的这位同事又是哪个部门的，要办理什么业务。

王丽这会儿在忙，赵金诚跟王丽打招呼，王丽扭过头指了指楚楚说："赵金诚，这是我们公司新来的出纳楚楚。"又指了指赵金诚说："楚楚，这是销售部的赵金诚。"然后看着他俩说："有业务，你们直接办理吧。"

赵金诚走到楚楚桌前说："楚出纳，您好！"说着将单据递了上去。楚楚将单据接过来，客气地说："您好！"

楚楚接过单据一看，是一张转账支票。王丽这时拿出一张进账单给楚楚，楚楚一看进账单一式三联。第一联是回单，是开户银行交给持（出）票人的回单；第二联是贷方凭证，由收款人开户银行作贷方凭证；第三联是收账通知，是收款人开户银行交给收款人的收账通知，如图5-1所示。

HKB 汉口银行

进 账 单 （回 单） 1

年 月 日

出票人	全 称		收款人	全 称	
	账 号			账 号	
	开户银行			开户银行	

金额	人民币（大写）	亿	千	百	十	万	千	百	十	元	角	分

票据种类		票据张数		
票据号码				
备注				受理银行签章

此联是开户银行交给持（出）票人的回单

注意：本回执不作收款证明，不作提货依据，不作财务处理，仅供查询用。

HKB 汉口银行

进 账 单 （贷方凭证） 2

年 月 日

出票人	全 称		收款人	全 称	
	账 号			账 号	
	开户银行			开户银行	

金额	人民币（大写）	亿	千	百	十	万	千	百	十	元	角	分

票据种类		票据张数		
票据号码				
备注				复核 记账

此联由收款人开户银行作贷方凭证

HKB 汉口银行

进 账 单 （收账通知） 3

年 月 日

出票人	全 称		收款人	全 称	
	账 号			账 号	
	开户银行			开户银行	

金额	人民币（大写）	亿	千	百	十	万	千	百	十	元	角	分

票据种类		票据张数		
票据号码				
备注				复核 记账

此联是收款人开户银行交给收款人的收账通知

图 5-1 进账单

王丽告诉楚楚收款人是本单位，收款人栏分了三项，分别是全称、账号和开户银行；出票人是付款方，全称、账号和开户银行要齐全。金额栏填写的大写金额是“人民币壹拾壹万叁仟元整”，大写金额和小写金额要一致。票据种类填写转账支票，票据张数填1张，票据号码为××××××××。填写完，拿着支票和进账单去银行办理进账手续。

转账支票的收款人是本单位，日期和大小写金额也都和进账单一致，用途栏填写的是货款，付款方印章齐全，也盖了骑缝章。既然转账支票和进账单一致，应该可以确认了。也就是说，可以给对方开具增值税专用发票了。

楚楚的岗位职责中有一条就是收款开收据或增值税专用发票。楚楚所在的公司开具的增值税专用发票是机打的。王丽移交时告诉过楚楚，楚楚还没具体操作过。

楚楚在学校学会计时，知道开具增值税专用发票需要对方单位的信息。赵金诚拿来的单据后面还有一张纸，楚楚一看，正是对方开具增值税专用发票的信息，包括对方单位全称、地址、开户银行、账号、电话号码和纳税人识别号。

楚楚心想：手续齐全，我就可以给对方开具增值税专用发票了。

出于谨慎，她向王丽请教。

> 王出纳，转账支票上的信息没有错，日期、大小写金额、单位全称等都正确，是不是可以开具增值税专用发票了？

赵金诚正思索着，王丽发话了。

> 楚楚,你现在就开发票,万一对方账户余额不足,不能将款转到我们公司账户上怎么办呢?还是辛苦你到银行去一趟,确认货款到账后再开发票。

这可是楚楚没有想到的,幸亏王丽提醒,如果货款没有到账,那犯的错误可就大了。

楚楚锁了抽屉,转账支票背面盖上财务章和法人章,拿了进账单和转账支票马上去银行了。办理对公业务的银行职员今天上午已经和楚楚见过面,热情地和她打招呼,"您好!"

楚楚将进账单和转账支票递进去说:"您好,进下账,以后还请多关照。"

银行职员收了进账单和转账支票核对后,在进账单的银行签章栏盖上了银行的章,并在记账、复核栏中签字后收下了第二联,此联在进账单后批注的是"贷方凭证",单据右边竖着一行写着:此联由收款人开户银行作贷方凭证;将进账单的第一联(回单)和第三联(收账通知)交给了楚楚。第一联(回单)的单据右边竖着一行写着:此联是开户银行交给持(出)票人的回单。第三联(收账通知)右边竖着一行写着:此联是收款人开户银行交给收款人的收账通知。

楚楚拿了单据正要离开时,银行职员又从窗口给楚楚递了一张名片出来,说道:"以后有急事,可以打电话联系,上面有我的手机号码,也有单位的座机号码。"

楚楚收了名片,马上想到要留自己的联系方式,此时银行职员对她说:"楚出纳,你们单位财务部的电话我们有,留下您的手机号码,以后有事，我们好及时沟通。"楚楚赶忙将自己的手机号码报给银行职员。

回到公司，楚楚先按登记现金日记账的方式登记了银行存款日记账，在收入栏中，记下了收到的银行存款。接下来，可以开具增值税专用发票了。这是楚楚第一次开具增值税专用发票。今天是上班第一天，所有的业务对楚楚来说都是第一次接触。这么多业务一起办理，楚楚还真有点力不从心。楚楚心想：以前听说财务的工作轻松，风吹不着，雨淋不着，太阳晒不着，整天坐在办公室里，要多轻闲有多轻闲，要多自在有多自在。自己去应聘时，也是这样想的。可是没想到我这个小出纳，哪里轻松了？从早上到现在，水都还没喝一口呢。辛苦不说了，最主要的是怕出错。

楚楚打起精神，先根据销售人员提供的清单，机打了一份"销售货物或提供应税劳务清单"，如表5-1所示。

表5-1

销售货物或提供应税劳务清单

购买方名称：×××××××××
销售方名称：×××××××××
所属增值税专用发票代码：××××××××× 号码：×××××× 共1页 第1页

序号	货物（劳务）名称	规格型号	单位	数量	单价	金额（元）	税率	税额（元）
1	×××	×××	×××	×××	×××	100 000.00	13%	13 000.00
小计						100 000.00		13 000.00
总计						100 000.00		13 000.00
备注								

销售方（章）： 填开日期：××××年××月××日
注：本清单一式两联，第一联，销售方留存；第二联，销售方送交购买方。

好在这笔业务简单，和自己在书本上学的例题一模一样，特别是关于增值税的计算。2019 年 4 月 1 日起增值税税率有所调整，销售货物类的税率由 16% 降为 13%。

清单打印出来后，慎重起见，楚楚找了一张 A4 空白纸，先在上面模仿增值税专用发票的格式，将需要开票的内容写在了空白纸上，如表 5-2 所示，交给王丽审查。

表 5-2

×××增值税专用发票							No	
发票联					开票日期：		年 月 日	
购买方	名　　称： 纳税人识别号： 地址、电话： 开户行及账号：				密码区			
货物或应税劳务名称	规格型号	单位	数量	单价	金额	税率	税额
合计							
价税合计（大写）	⊗		（小写）				
销售方	名　　称： 纳税人识别号： 地址、电话： 开户行及账号：				备注			

收款人：　　　　复核人：　　　　开票人：　　　　销售方：（章）

购货单位肯定是客户了，名称、纳税人识别号、地址、电话、开户银行及账号都是购货单位的；货物栏也好填，销售人员已经提供销货清单，照填即可；销货单位肯定是本单位了，名称、纳税人识别号、地址、电话、开户银行及账号，有的都能背下来了。而且无论是购货单位，还是本单位，公司制作了一张小卡片，上面有单位名称、纳税人识别号等一些内容，就是专门为开具增值税专用发票准备的。

王丽将楚楚开具增值税专用发票的草稿审核后，喜出望外。昨天钱经理通知，说今天新人楚楚来报到，是个没有实际工作经验的女孩子，要自己以后在工作中多指导时，心里不禁有些担忧："这个新手什么时候能学会，并熟练操作，我才能安心地休产假呢？"想到这些夜不能寐。不过今天看了楚楚的表现，还比较满意，开具的增值税专用发票一点错都没有。但她表面上却并没有表现出来，神态自若地说："可以，开正式发票吧。"

楚楚就等着王丽这句话呢。楚楚上线运行"增值税发票税控开票软件"（金税盘版），插上金税盘，单击"开票软件"，单击"发票管理"，然后再单击"发票填开"，选择"增值税专用发票"。发票开好后，楚楚在收款人和开票人处填上了自己的名字，复核人处填上艾会计的名字，然后将发票和销货清单一起交给了艾会计。艾会计审核后对楚楚说："你到钱经理那边去一下，发票专用章在他那里，交给他审核盖章。"

钱经理那儿，楚楚已经是轻车熟路了。楚楚将销货清单和增值税专用发票交给钱经理后，钱经理认真审核了一遍，然后在销货清单和增值税专用发票上分别盖上了发票专用章。

楚楚将发票联和抵扣联及销货清单交给销售员赵金诚道："给您，全部办好了。"

赵金诚接过发票，又核对了发票上的客户信息，这下放了心。他还要将发票给客户送去，笑着对楚楚说："谢谢楚出纳！"

收到货款开发票，是公司追求的最理想目标。

6. 开具支票

支票是出票人签发的，委托办理支票存款业务的银行或者其他金融机构在见票时无条件支付确定的金额给收款人或者持票人的票据。

一上午就这样不知不觉地在忙碌中过去了。楚楚和王丽办理了交接手续，财务部钱经理给楚楚规定了工作职责，然后楚楚给司机杨华办理了借款事宜，又给采购部张强报销了费用，接着收到了销售部赵金诚交来的第一笔销售货款，开具了增值税专用发票，还去了两趟银行，学习了两项有关公司财务方面的相关规定。楚楚在心中感慨："这也太充实了吧，竟然到了吃午饭的时间，现在肚子还真饿了。"

王丽带楚楚到公司食堂就餐，公司为员工提供工作餐。楚楚拿了一个餐盘，食堂工作人员给楚楚打了一个荤菜两个素菜，汤是自己用小碗去盛的，米饭也是自己添的。在食堂楚楚看到了熟悉的面孔，有人事部的任经理，财务部的钱经理，还有今天办理业务的采购员张强、销售员赵金诚。楚楚大方地和他们打招呼。王丽在旁边说："以后我们就如同一家人了。"楚楚顿时有了家的感觉。

午餐过后是短暂的休息时间。王丽因有身孕，养成了午休的习惯，趴在桌上打盹儿，再有昨晚确实没睡好，担心新来的出纳什么都不会，那她休产假前就没那么轻松了。不过从上午楚楚的表现来看，还好。王丽刚趴下就睡着了。

楚楚第一天上班，十分兴奋，又是年轻人，哪里睡得着？楚楚怕吵了王丽，蹑手蹑脚地拿来《公司管理制度汇编》。前天闺蜜洋洋听说楚楚要去应聘出纳，从网上给楚楚搜索了许多基础知识，她还语重心长地说："楚楚，临阵磨枪，不快也光。我可是为你好，不想你刚一上阵就败下阵来。"楚楚心里充满了感激，挑灯夜战，认真地将洋洋搜集的资料学习了一遍。可应聘时她搜集的那些资料都没派上用场。

今天一进入实战，情况就不同了。楚楚之前学习的那些资料还真用上了。例如，写数字，从0到9这几个阿拉伯数字，楚楚从小学到大学写过很多遍，可财务上写阿拉伯数字有财务书写的特点。

0、6、8、9这几个数字有圆圈，圆圈要包拢，1不能太竖直，要有一定的倾斜，4、7、9的脚要靠下一点，6的头要向上伸一点，2的转折要绕一个弯，0、5、8要写在正中，不能靠上也不能靠下。

财务中的分节号是以千位来划分的，用逗号或空格表示，元与角、分之间以实心圆点来划分，角、分要略靠上一点，写完后再在角、分的上面划上一小横，用来和元以上进行区分。

楚楚今天开收据就写了这些数字，从张强、赵金诚的眼神之中可没有看出轻视的意思，就连王丽、艾会计也没有说什么，虽然没有表扬，但至少没有批评，要知道自己这个小辈，可是刚踏入"会计江湖"的新手。

还有阿拉伯数字的大写：零、壹、贰、叁、肆、伍、陆、柒、捌、玖、拾、佰、仟、万、亿。前天晚上闺蜜洋洋一而再再而三地提醒自己，"贰，没有右边的一撇，要记牢哦，别闹出笑话出来。要是错了，小心回来我'修理'你。"今天涉及"贰"字时，闺蜜洋洋说这话的样子仿佛就在眼前，自己可不是怕她"修理"，那是说着玩的。她想的是自己第一天踏入"会计江湖"，虽然本领不高，资历不深，但不能犯低级错误。

还有怎样开支票。基本账户才能开现金支票，一般账户只能开转账支票，今天赵金诚拿来的就是转账支票。

支票要用黑颜色的笔开具，日期不能用阿拉伯数字填写，一定要使用中文大写。为防止变造票据的出票日期，在填写月、日时，月为壹、贰和壹拾的，日为壹至玖和壹拾、贰拾和叁拾的，应在其前面加"零"；日为拾壹至拾玖的，应在其前加"壹"。如1月15日，应写成零壹月壹拾伍日。收款人要写全称，一个字都不能错，金额更重要，大小写要一致，这是最基本的要求。后面还有用途栏，也要填写清楚，存根联上要有经办人签字，存根联和支票联相连接的地方还要盖上骑缝章，印鉴也要盖齐全，今天王丽交来的印鉴只有两枚，还有一枚在财务部负责人钱经理手上。

楚楚心想：看来是对我不信任，不全交到我手上，开个支票还这么麻烦，跑几个地方盖章，真是多此一举。

楚楚后来才知道，这根本不是多此一举，印鉴分管是财务一项很重要的内部控制制度。

楚楚脑海中像过山车似的，天马行空。正在这时，有人来敲财务部的门。到点了，又要开始下午的工作了。楚楚马上收了神，起身去开门，这时王丽已经醒了，到洗手间去洗脸。楚楚开门一看，还是采购员张强，他的业务上午还没办完。他是来找艾会计的。楚楚心里有数。

上午楚楚给销售员赵金诚开增值税专用发票时，艾会计已经审核完了张强的采购合同，交给王丽进行了扫描存档。艾会计回到办公室后，将采购员张强代表公司签订的采购合同、发票及付款会签单交给楚楚，说明了需要给供货方付款的事宜。楚楚接过付款会签单，只见部门栏是"采购部"，经办人是"张强"，合同号、收款单位、开户行、付款金额、账号都已经填写清楚，大小写金额也对得上，款项内容写得很详细，注明了采购原材料的名称、数量、金额、合同号。经办人是"张强"，经办部门主管栏蔡勇已经签字，财务复核栏，艾会计签的是"已审核"，财务部负责人处钱经理已签字，主管副总、主管财务副总处，领导已签字，只是空着总经理一栏，总经理郑谦上午和司机杨华一起出差去了，还没回来，无法签字。

楚楚看了申请表后，心想：手续基本齐全，只差总经理签字了。按上午王丽说的，财务人员既要坚持原则，又要随机应变，看来这笔款项是要先付了，因为虽然申请表上郑总没签字，但采购合同上郑总出门前签过字了，也就是说郑总已经批准了此事。可从程序上来说，还是要向郑总请示的，于是楚楚拿着申请表对王丽说："郑总没有签字，我到隔壁让钱经理去请示一下？"

王丽回答道："好。"

楚楚敲开钱经理办公室的门，将申请表递给钱经理。

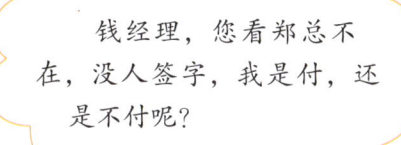

> 钱经理，您看郑总不在，没人签字，我是付，还是不付呢？

钱经理接过付款会签单，拿出手机说："你稍等一会儿，我给郑总打个电话，请示一下。"

楚楚站在桌前，听钱经理跟郑总打电话请示，眼角的余光环视了钱经理办公室的布局。钱经理的办公室，上午来过两趟，签个字盖个章就走了，没来得及细看，现在才发现，哇！钱经理的办公室摆着这么大的书柜，还有好多书！一眼望去，都是专业书籍。专业书籍以前自己总觉得枯燥无味，可今天一踏入"会计江湖"，便有一种书到用时方恨少的感觉，看来以后还要加强学习。

楚楚心里正揣摩着无数个学习计划时，钱经理已跟郑总请示完了，挂了电话。将申请表递给楚楚说："我已经跟郑总请示过了，可以付款，你让艾会计过来一下。"楚楚接过申请表，回到财务部，告诉艾会计说钱经理请她过去，然后自己将转账支票拿了出来，准备开具支票。

艾会计过去不到一分钟就回来了，楚楚猜想钱经理可能也是跟艾会计说可以付款的事。果然艾会计一进门就说："楚楚，你可以给他们付款了，等郑总回来后再补签字。"

中午休息的时候，楚楚心想，自己又学了一遍怎样开具支票，上午接到了销售员赵金诚的一张转账支票，虽然那是别人的，可也算是学习了一次，现在已胸有成竹。楚楚开好了支票，让采购员张强在存根联的经手人上签了字，然后盖上骑缝章，再在单位印鉴栏盖上财务专用章和法人代表的人名章，剩下一个印鉴是钱经理的印章了。楚楚将支票用剪刀剪下来，存根联还保留在支票本上，用嘴吹了吹印鉴盖过的地方，自己看看，还满意，递给王丽道："王出纳，您帮我看看，有无差错？"

楚楚将支票剪下来后，采购员张强以为她要给自己了，把手伸了出去，不想楚楚却将支票递给了王丽，张强伸出去的手又不好意思地缩了回来，顺势在头上摸了摸，神情有些尴尬。

王丽早已看在眼里，接过支票时说："不要慌，张强，心急吃不了热豆腐。手续还没办完呢。"张强听王丽一语双关，顿时闹了一个大红脸。王丽却若无其事，开始认真地核对楚楚开具的转账支票。

出票日期的数字用的是中文大写，月份和日期的前面该加"零"的，楚楚也在前面写了大写的"零"字，收款人写的是全称，金额大小写书写正确，用途栏填的是"货款"，出票人签章栏盖的财务印鉴也盖得周周正正，还给钱经理的印章留了一个空位。小女孩不错嘛，不是没有实践经验吗？这可不像没开过支票的人，第一次开支票就这么娴熟。王丽很满意，将支票递回给楚楚道："你到钱经理那边去盖另外一个印鉴吧。"

楚楚接过支票，拿到钱经理办公室，钱经理已经将印鉴拿了出来，楚楚一进来，钱经理接过支票，快速浏览后，便盖上了印鉴。楚楚出去时，他暗自点了点头。

采购员张强因为刚才闹了一个大红脸，此时楚楚将支票递给他，他还有点迟疑，想接又不敢接，怕王丽又来笑话他。

楚楚催促道："刚才还十万火急的，现在不急了？"

说得张强的脸腾地一下又红了，接过支票急匆匆地出了财务部的门。

张强走后，楚楚将银行存款日记账拿了出来，在上面登记刚给张强开具的支票支出金额。

> 付款单位必须在其银行存款余额内签发支票，不得签发空头支票。

7. 日清操作

出纳应将一天的现金收支事项结算清楚，编制现金日报表，然后将单据附在后面，交给会计审核。会计审核过后，若准确无误，则会计签字。出纳将当天的单据交给会计，然后清点现金余额，看一天的收支是否有差错。若有错，则赶紧查找。

楚楚将支票交给采购员张强后，行政部的小吴过来通知楚楚去领工作服。楚楚一听，恨不得一蹦三尺高。闺蜜洋洋入职时间比自己早，工作服早就穿上了，看她每天回来那个神气劲，自己心里还真羡慕呢。楚楚赶紧锁了抽屉，随小吴过去领工作服。

小吴也是女孩子，穿的就是工作服。上身的短袖腰身处收窄，将她的曲线勾勒得凹凸有致，下身的短裙刚好到膝盖，小吴个高腿长，身材修长，一套平常的工作服竟将她职业女性的美体现到了极致。小吴按楚楚报的尺寸，发给楚楚两套夏装、两套春秋装。楚楚读大学时就梦想着有朝一日能穿上工作服，如今总算如愿以偿了。

楚楚抱着工作服回到办公室，办公室已有人在等她了，都是一些零星的开支报销。经过一上午的锻炼，楚楚完全没了那种拘谨，处理起来得心应手。

刚给他们报销完，楚楚手机短信的铃音响了。楚楚从包里拿出来一看，有几个未接电话，都是闺密洋洋打来的。微信更多，竟有十多条。"怎么不回电话？工作还顺利吗？上班第一天就忙？回电话的时间都没有？回个消息呀！"

楚楚看完，一股暖流涌上心头。

转眼就要下班了。楚楚这时候才感觉到，一天的时间过得真快。自己还没将单据交给艾会计，现金日报表也还没编制，自己一天的工作还没完成呢。楚楚赶忙编制现金日报表。

楚楚在大学学习专业课时，常看到"日清月结"这个词，这个词出现的频率很高，以前楚楚不太理解。现在通过实践，终于明白了。

什么是日清？日清就是出纳对当日的经济业务进行清理，全部登记日记账，结出库存现金账面余额，并与库存现金实际盘点数核对相符。

王丽在进行出纳岗位工作移交时，她的计算机里面有一个电子表格，里面就是现金日报表的格式。楚楚已经抽空将它进行了复制、粘贴，里面的内容已经清空了。

首先要填的是上期余额，也就是王丽交给楚楚的现金金额。然后在收入项目、收入金额栏中填写当天的收入，在支出项目、支出金额栏中填写当天发生的支出，用上期余额加上收入，减去支出，算出本期余额。最后要清点现金，本期余额也就是今天的余额。

道理楚楚清楚，只是以前没做过而已。楚楚心想：有什么关系呢，什么事都有第一次嘛。我今天经历了多少个第一次，还差这个第一次吗？再说，我已经把现金日记账和银行存款日记账记录得很详细了，

7. 日清操作

现金日报表相当于将现金流水账复制一遍，打印出来，有什么难度？

楚楚很自信地编制现金日报表（见表7-1）。

表7-1　　　　　　　　　　　　　　现金日报表

核算单位：　　　　　　　　日期：　年　月　日

项目	收入项目	收入金额	支出项目	支出金额	现金余额
上期余额					
本期余额					

主管：　　　　　　　　　会计：　　　　　　　　出纳：

楚楚编制完现金日报表，又仔细检查了一遍，才打印出来，对照表上的现金余额，开始清点现金。100元、50元的钞票，楚楚在验钞机上过了一遍，然后再用手清点一遍。其实这些100元、50元的钞票，今天都不知从验钞机上过了多少遍了。

现金实存金额和现金日报表上的本期余额一致，楚楚如释重负，看来今天一天的工作没白做。好了，交给艾会计吧，让艾会计审核。楚楚将打印好的现金日报表和附在后面的单据一起交给了艾会计。

此时，艾会计正悠闲地喝着茶。接过楚楚的现金日报表和单据，放下茶杯，戴上老花镜，逐一核对起来。

艾会计核对完后，相当满意地笑了起来，语气也变得轻柔了，她说："好的，小楚，你可以在上面签字了。"

楚楚在现金日报表上面签了字，然后交给艾会计。艾会计也在现金日报表上面签了字，并将单据收拾好，但未锁到档案柜中，她准备等楚楚走后编制会计分录。她提示楚楚道："你将今天的现金日记账和银行存款日记账拿给我看看。"

楚楚忐忑不安地将现金日记账和银行存款日记账给艾会计递了过去。艾会计审查时，楚楚心想：应该没有错吧。虽然今天的业务很多，但艾会计对其中的几笔业务了然于胸，所以审查起来也很快，余额也核对相符。查看没有问题，艾会计将现金日记账和银行存款日记账交还给楚楚说："还可以，没出错。"

艾会计不知道，楚楚这时才轻松自如。王丽知道，这是自己以前每个工作日都要做的基础工作。不然，怎么会叫日清呢。王丽对日清要做的具体工作及要注意事项归纳总结如下：

1. 清理各种现金收付款凭证，检查单证是否相符。具体是指各种收付款凭证所填写的内容与所附原始凭证反映的内容要一致，同时检查每张单证是否已经盖上了"现金收讫"（收款凭证）和"现金付讫"（付款凭证）的印章。

2. 登记和核对现金日记账。将当日发生的所有现金收付业务全部登记入账，并核对账证是否相符，即现金日记账所登记的内容、金额与收付款凭证的内容、金额是否一致。登记完毕，还要及时结出现金日记账的当日库存现金账面余额。

3. 盘点现金。出纳应当清点库存现金数量，得出当日库存现金的实存金额。

4. 账款核对。盘点完现金，出纳应当将盘存得出的库存现金实存数与现金日记账的账面余额进行核对，检查两者是否一致。如果发现有长款或者短款现象，则应及时查明原因并进行处理。对于长款，如果经查明属于记账错误、遗漏单据等，则应及时更正错账或补办手续。如果属于少付他人的情况，则应查明原因，退还原主；如果确实无法退还，则应经过一定的审批手续，转为单位的收益。对于短款，如查明原因属于记账错误，则应及时更正错账；如果属于出纳工作疏忽或业务水平问题，一般按规定应由过失人赔偿。

5. 检查库存现金是否超过规定的现金限额。如果实际库存现金超过规定的库存现金限额，出纳应当将超过部分及时送存银行。如果实际库存现金余额少于库存限额，则应当及时补提现金备用。

王丽将其存在了计算机的文档里，同时也在 QQ 上传给了楚楚。

楚楚犹如醍醐灌顶，茅塞顿开。这时到了下班的时间，大家都准备回家了。楚楚坐在办公桌前，想等王丽、艾会计收拾完了一同下班。

艾会计看楚楚还坐在椅子上，忍不住笑了："怎么？还有事？不下班啦？"

楚楚不好意思地说："等大家一起下班呢。"

艾会计笑道："你先走吧，我和王丽还有事。"

楚楚挎上包，提上工作服，步履轻盈地走出了办公室。

楚楚刚走出去，钱经理便进了财务部。他是来和王丽、艾会计沟通的，看楚楚到底能不能胜任出纳工作。

出纳岗位很重要，责任重大，钱经理和艾会计都不敢马虎。昨天晚上王丽一夜没睡好，钱经理也是辗转反侧，倒是艾会计老同志，沉得住气。通过今天一天的试用，看来楚楚还可以，基本能够胜任。

艾会计对钱经理的来意心知肚明，端起茶杯抿了一口茶，言笑晏晏地对钱经理说："楚楚这个女孩还可以，头脑灵活，手脚麻利，虽然没有实践经验，但可以培养。"说完叹了一口气，又说道："现在的年轻人，学东西快，不像我们年龄大的人，反应迟钝，记忆力也是一日不如一日。"

钱经理听艾会计这样一说，心里踏实多了。王丽接着补充道："不懂的，知道请教，没有不懂装懂；做事懂规矩，有分寸，克己慎行。"

钱经理笑着说道："那我就放心了。出纳岗位的重要性，出纳所需要的责任心，这些职业道德方面的内容，我们以后慢慢教她吧。"

此时的楚楚早已像燕子一样"飞"回了家。

日日清，月月清，
一年四季责任明，
无责一身轻。

8. 银行付款

解析"出纳"这两个字的结构,"出"字,由两座山叠加而成,说明出纳岗位很重要,责任重大,犹如一座收入的山,一座支出的山。"纳"字的左边是"纟"旁,形容其如一团乱麻,右边是个"内"字,也就是说,要从一团乱麻中,找出其内在的规律、核心及关键所在,然后才能解决问题。

因为是第一天上班,楚楚很兴奋,晚上很晚才睡着。

梦里全是数字和单据,像五行山压在孙悟空身上似的,压得她喘不过气来。好不容易从梦中挣脱出来,闺蜜洋洋的话又在耳边回响:"别小看你这小小的出纳,可得时时小心,处处谨慎!"楚楚在床上辗转反侧。突然楚楚被一阵铃声吵醒,爬起来一看,原来是闹钟响了。呀,快点起床,否则上班会迟到的。

有惊无险,好在没有迟到。可楚楚还是心中有愧。办公室里窗明几净,一尘不染,显然王丽、艾会计刚打扫过卫生。自己一个刚上班的小女孩,这点都不积极,还让上了年纪的艾会计和怀有身孕的王丽打扫卫生,真是说不过去。楚楚在心里狠狠地批评了自己。好在王丽、艾会计什么都没说,埋头做着自己的工作。

上班时，楚楚哈欠连天。艾会计看在眼里，知道她昨晚肯定没睡好，心想小女孩这样没精打采的，可千万不要在工作中出错。司机杨华和郑总出差回来了，杨华来报销出差费用。楚楚经过昨天一天的实战，已经能够熟练地处理这些简单的业务了。昨天采购员张强的付款会签单，总经理郑总未签字，今天郑总回来了，她将单据拿过去，请领导补签了字。艾会计看她处理了几笔业务没有出错，终于放下心来。

这时，办公室的电话铃声响了，楚楚接起电话，是银行职员打过来的。银行职员说："因为系统升级，今天不能办理转账业务了，本行的不行，跨行的更不行。"楚楚心想：明天和后天又是周末，不办理对公业务。也就是说，要办理转账业务需要等三天。

银行职员很客气地说："由此带来的不便，敬请贵公司谅解。"楚楚心想：银行系统升级，我们有什么办法？挂了电话跟艾会计说："银行打电话来，系统升级，今天不办理转账业务了。"

艾会计听后沉吟片刻道："好的，这就要做好解释工作了。"楚楚昨晚寝不安席，现在觉得精神不振，身心俱疲。

楚楚正想打盹儿，采购员张强心急火燎地进了门，进门就喊："哎呀，艾会计，昨天开的转账支票客户说以往他们到咱们开户银行倒存支票就可以从账户转出资金，今天银行说暂停办理转账业务，款未划出，客户不发货。"

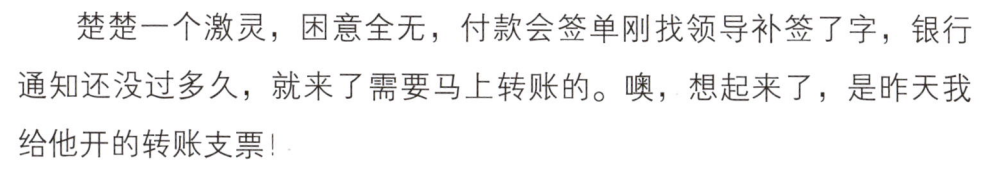

楚楚一个激灵，困意全无，付款会签单刚找领导补签了字，银行通知还没过多久，就来了需要马上转账的。噢，想起来了，是昨天我给他开的转账支票！

艾会计耐心地跟张强解释，让他也跟客户解释，今天银行系统升级，

只是暂时的,今天办不了,明后两天是周末,不办理对公业务,请客户谅解,下周一就可以转账收到货款了。

张强却不依不饶,将支票往楚楚桌上一摔:"客户可不听这些解释,他们收不到货款不发货。公司生产等着这批货呢。"

楚楚一听头就大了,转而一想,幸好昨天王丽提醒自己,销售员赵金诚拿来的转账支票,先到银行转账,然后再开发票,如果昨天先开了发票,今天才去银行办理转账,即使对方单位账户上有钱,今天不能办理转账,明后两天也不能办理转账,又查不出来对方账户上是不是有钱,那样自己心里就没底了。楚楚心想:张强这个事可怎么处理呢?还真是个麻烦事!

楚楚急红了脸,本来自己就是刚上班的新员工,连公司情况还没完全熟悉,人也还没认全,出纳工作仅做了一天半,两眼一抹黑,哪里遇到过这样的情况?只好无助地向艾会计望过去。

艾会计走过来对张强说:"急有用吗?张强,急了银行就能让你今天转账吗?还是那句老话,心急吃不得热豆腐。主要是想办法将事情解决。"

张强说话的语气缓和了许多:"那好,艾会计,您说怎么解决?客户可是不见到真金白银不发货的。"

艾会计从楚楚桌上拿了支票到钱经理办公室去了。楚楚这才放下心来,对张强说:"好啦,艾会计和领导商量去了,看您火急火燎的,银行系统升级,我们也没想到。"

张强这才意识到自己刚才的话说得有点过头,忙解释道:"不好意思啊,楚出纳。刚才也是着急,公司催着要货生产,对方催着款到才发货,我也是两头为难。"

钱经理那边正在和艾会计商量。"最简单的方法就是提现，提现金支付可以实现当天到账，但这笔货款是大额支付，远远超出《中华人民共和国现金管理暂行条例》规定的结算起点，这样做是不符国家规定的。客户昨天拿到转账支票，正常情况是今天到他们单位的开户银行存支票，银行间交换正常是 24 小时到账。因明后两天是周末，银行对公业务不处理业务。实际到账时间也要到下周一。但我们等着货生产，客户要确保资金能划转到他们账户。这样吧，我们换一家银行，换成一般账户的银行来支付，开具一张一般账户支票，让客户到一般账户银行倒存支票，即可解决。"钱经理提议道，艾会计表示赞成。这样，钱经理和艾会计一起来到了财务部。

嘴里说不急的张强心里还是急，他在财务部走来走去，转得楚楚心里直打鼓。听了钱经理的安排后，楚楚这才放下心来。艾会计将昨天的转账支票还给楚楚，楚楚将支票和存根联粘贴在一起，写上了"作废"两个字，楚楚取出一张一般账户的转账支票，填写完时间、客户单位名称、金额等信息，加盖了财务章、法人人名章，然后楚楚到钱经理那里盖章。办好这些后，楚楚才把转账支票交给了张强。

好在事情终于解决了。对方单位收到货款后，马上安排了发货，采购员张强也接到了对方电话，进行了确认。

> 小楚，财务每天都会遇到各种各样不同的情况，关键时刻我们要保持冷静，把事情妥善解决。

艾会计说："今天来的是本公司的同事，也许明后天的麻烦事，不是本公司的同事，是外单位的员工，那更重要了。如果我不在，你和王丽就代表财务部的形象、公司的形象。"

"哇，这么严重啊！"艾会计说得楚楚心里忐忑不安。

"财务要学会沟通，学会耐心细致地解释。任何事情都不能简单化处理，更不能一推了之。

艾会计继续说："越是这个时候，越要注意出纳的形象，说话要注意分寸，态度要诚恳，力争得到别人的谅解，同时还要不卑不亢。特殊情况需要特殊处理，既要注意个人人格，又要按国家规章办理，还要维护公司形象。出纳工作并不简单，出纳做好了是门艺术。不仅仅是业务处理上的艺术，还是为人处世的艺术。"

"艾会计，那我们财务人员是不是相当于公司的'外交大臣'了？"听到这里楚楚情不自禁地问道。

"是的，小楚你这个比喻很到位。我们有时候不仅是公司的'财务大臣'，还是公司的'外交大臣'。"艾会计肯定道，"一个国家如果没有外交大臣，什么事情都推到国家领导人那里，我想领导人就是有三头六臂也忙不过来。公司也是一样，如果财务什么事情都推到领导那里，还要我们财务做什么？所以能够独当一面的时候，一定要能够站得住，立得稳。"

楚楚对着王丽吐了吐舌头，看来出纳工作不可小觑。难怪王丽昨天对自己说，以后要多向艾会计学习。艾会计到底是老同志，经验丰富。

韩愈在《师说》里说："师者，所以传道授业解惑也。"原以为王丽给自己传道授业解惑，自己胜任出纳工作便绰绰有余了。可现在艾会计传的是出纳之道。自己虽不能准确地说，这讲的是职业道德的内容，但可以肯定和这相关。看来这"会计江湖"的水不是一般的深，简直深不可测。

闺蜜洋洋昨天看自己工作进展顺利，吃饭时对楚楚说："出纳工作最简单，只要是有脑子的，都会做。没听说吗？出纳通，分分钟！出纳出纳，一出一纳。无非就是两项工作。一出，即付款。一纳，即收款。你会不会付款、收款啊？""说来容易做来难，其间的学问多着呢。"楚楚心想，"真要这样简单，你来做看看？典型的满罐子不荡浅罐子荡！"

"你知道我们会计人是怎样评价出纳的吗？"艾会计问道。

"这个我不知道，您讲讲。"楚楚听艾会计问自己，马上收回了思绪，谦虚地回答。

"出纳出纳，内当家。"艾会计继续说道，"这个内当家可不好做。首先要有主人翁精神，有了主人翁精神，才能从当家作主的角度去做好自己的本职工作。出，即支出方面，要力求节省。可付可不付的，不付。可多付可少付的，少付。纳，即收入方面，当收则收，当要则要。要当成自己的事来办，坚持原则，不该付的坚决不付，不该收的坚决不收。"

楚楚听艾会计讲得起劲，觉得自己柔弱的双肩上仿佛有两座山压在上面似的，做好了公司的内当家，以后再去给自己的小家当家，岂不是小菜一碟吗？说到底，就是将收入、支出都当成自己的，自己的钱能随便付出去吗？自己到外面吃顿饭都是精打细算，结账时还要认真地核对账单。收款方面，是自己的钱，肯定要收了，比如，借出去的钱，你不收，别人经常拖着，损失的还是自己。没有收入，怎么生活，怎么买房子，怎么结婚？

财务遇事不慌乱，
分析问题找方案，
耐心沟通不卑亢，
细致解释树形象。

9. 费用报销

财务犹如一道门、一个关口，如果不把好关，就会给公司造成损失。

上午基本就在处理各种琐事之中度过了。吃过午饭，楚楚趴在桌上昏昏欲睡。

迷迷糊糊中，她被敲门声惊醒了。开了门，进来一位不认识的小伙子。进来就问："谁是楚出纳？"

楚楚客气地回答道："我就是，您有什么事？"小伙子拿出一张单据说道："结个账。"

楚楚接过单据一看，是一家计算机公司开具的增值税专用发票，抵扣联单独在一边，行政法务部的小吴在付款会签单的经办人处签了字，行政法务部的计算机坏了，计算机公司来换了几个零件，发票金额（含税价）是伍佰捌拾元整。行政法务部主管在部门负责人处签了字。但财务部没有审核，钱经理没签字，主管副总、主管财务副总和总经理郑总都没签字。审批手续都不完备，肯定不能付款。楚楚记住了上午艾会计说的话，自己的一言一行代表的是财务的形象、公司的形象，要耐心细致地和小伙子解释清楚。

于是，她跟小伙子解释道："您坐一会儿，单据还没审核，几位领导还没签字，等他们来上班，手续完备了我再支付。"

小伙子看了看表，很着急地说："我不能在这等，还有半个小时才上班呢。发票金额是 580 元，要不你给我 500 元得了，我有事要先走，你找领导签字不一样吗？"

楚楚再次耐心解释道："我肯定不会要您这 80 元，该是您的就是您的。要不您坐会儿，我这就去找领导。"楚楚说完锁了抽屉，到隔壁去敲门。

艾会计听到了财务部的敲门声，已经醒了，她接过楚楚的单据。

楚楚跟在艾会计身后，看艾会计打开了计算机，进入国家税务总局全国增值税发票查验平台。输入发票代码、发票号码、开票日期、开票金额、验证码后，开票单位的信息全部出来了。单位名称、纳税人识别号等在上面一应俱全，楚楚记得公司专门印了一个类似于名片性质的卡片，上面就是单位的开票信息，估计别的公司也是这么做的。艾会计一看，名称和发票上的一致，上面盖的发票专用章也和单位相符，于是在付款会签单上的财务审核处签了字，并交给楚楚说："找钱经理签字。"

楚楚拿了单据，再次敲开钱经理办公室的门。钱经理接过单据，看到艾会计在上面签字了，也在财务部负责人审核处签上了自己的名字。

接下来是主管副总审核签字的手续。楚楚犹豫不决，要不要自己去找主管副总呢？按道理，这是经办人的事，可行政法务部没派人来，而是客户自己来的，客户不知道主管副总在哪个办公室，还是自己去一趟吧。这样想着，楚楚鼓起勇气，去向主管副总请示。楚楚心想：我这个新人，新来的出纳，也正好借这个机会向主管副总报个到。

行政法务部计算机维修已跟分管副总请示过，分管副总审核签字后，主管财务副总与总经理郑总很快都审核签字同意了。

楚楚回到财务部，从保险柜中取出现金清点了580元给小伙子。小伙子接过现金，连声说："谢谢，谢谢。"

小伙子走后，艾会计又将《公司管理制度汇编》拿了出来，翻到公司关于费用付款报销的规定。

费用付款报销规定

（一）办理对外付款时，须向财务部提供该事项有效合同（或协议）的原件、审计评估报告、收费依据、批准文件等，并应注明合同履行情况。

（二）用于报销的各种原始单据应做到真实、完整、合法，票据内容金额与报销内容金额一致，无涂改痕迹。对不合法的票据，财务部不得办理。

（三）费用报销原则上一事一报，并应做到及时性，不得将多期费用集中一次报销。

费用报销单、借款单、差旅费报销单会签流程如下。

（一）会签流程

经办人填写费用报销单、借款单、差旅费报销单→部门负责人审核→主管会计审核→财务部负责人审核→主管副总审批→主管财务副总审批→总经理审批。

（二）会签程序

1. 经办人填写费用报销单、借款单、差旅费报销单等会签单，并将单据递交部门负责人审核签字。

2. 部门负责人审核签字后，经办人将会签单递交财务部审核，主管会计对单据的合规性、数字的准确性、是否有预算和资金计划进行审核，审核通过后签字，然后请财务部负责人审核签字。

3. 经办人持会签单请主管副总审批签字。

4.经办人持会签单请主管财务副总审批签字。

5.经办人持会签单请总经理审批签字。

下面的内容是有关各项费用报销的明细规定，包括业务招待费、通信费、差旅费、办公费、车辆费、会议费等。其中差旅费的管理规定，楚楚认真学习过。

艾会计等楚楚看过有了印象之后说道："事项的真实性，各经办部门或经办人应当会审核，我们财务一要审查发票的真实性，谨防收到假发票。可以登录国家税务总局全国增值税发票查验平台，如果不是正规发票，就不能通过审核，如果我们不查询，税务检查时发现是假票，我们不但要被罚款，还要补税，如果因为我们的过失给公司造成损失，公司也会追究我们的责任。同时还要收集增值税专用发票的进项税抵扣联，及时做好登记并进行进项税抵扣认证。二要看发票章，发票专用章是椭圆形的，和公章、财务专用章的样式不同。盖发票专用章的单位要和开票的单位一致。我审核发票，就是审核这些内容。你刚来，不熟悉，以后熟悉了，这些事项我也会交给你来办。"

"一张发票审核这么多内容啊！"楚楚心里嘀咕。以前自己买东西，很少要发票，不是贵重物品，不考虑质保期、保修期，根本就没想过要发票。发票里面也有这么多学问！

> 你要审核的内容还有：发票的购买方是否是本公司，单位名称、纳税人识别号是否相符，还要审核日期、经办人、大小写金额，以及领导的审批是否齐全等。

楚楚以为刚才艾会计说完了，没想到又补充了这么多。

艾会计看楚楚一副不以为然的样子，谆谆教诲道："不要小看一张发票，它就是报账的原始凭证，我们财务犹如一道门、一个关口，不能让不合格的原始凭证随意通过，否则就会给公司造成损失。现在的假发票很多，我们要像孙悟空一样，有火眼金睛才行。"

艾会计这样一说，楚楚回想起，以前过年回老家时，在火车站看见有人兜售假发票，当时自己想也没想，便绕道而行了。

"现在的发票是机打的，手写的已经没有了。以前手写发票最容易发生大头小尾的情况。也就是给我们开具的发票金额大，而自己的记账联和存根联上金额小，现在很少发现这种大头小尾的情况了。一方面是税务进行了监控，另一方面说明人们的诚信度提高了。但这也不是绝对的，即使机打的发票，也可能存在这样的情况，所以我们审核时，一定要仔细，特别是增值税专用发票，一项内容错了，就不能抵扣，就意味着有损失。即使让客户重开，没有发生损失，可是处理起来也很麻烦，还有现在项目明细也要求很严格，比如办公用品，不能笼统地写办公用品，还要写二级明细……这些都是要注意的。"

楚楚马上想到艾会计在计算机上查询发票时，上面显示了名称、数量和金额等，看来计算机查询既重要，又快捷，还真少不了。一张简单的发票，都要经过这么多的审核，财务不能图方便，图省事。

"还有开具发票单位和收款单位不一致的，我们更要注意了。如果属于母子公司，或是总公司与分公司都好解释，本身是关联企业，有可能开错了，或提供错了，或者就是母公司让子公司开票收款的，这至少得有一个委托开票收款的法律性文件，要事先告知对方。但有的就是利用另外企业的账号转账，而这是账户管理规定中所不允许的，企业不得对外出借账号。"艾会计看楚楚这时听得认真了，听进去了，又补充道。

"这么多情况呀，艾会计。"楚楚一副孺子可教的样子，说道："您等等，我拿个笔记本，记下来。"

艾会计哈哈大笑道："记在本子上有什么用？难道你每次看发票时，还将笔记本拿出来，对照检查？这些都是实践经验，要记在脑子里面。处理业务时，随时随地要能够在脑子中快速反应出来。"

"啊，要求这样严格呀。"楚楚停下了准备拿笔记本的手，做了个鬼脸。

"我说的情况还没说全呢，以前手写版的商业发票，发票号码用放大镜看，是由若干的点组成的，'发票监制章'在验钞机的紫外线灯的照射下，会呈现荧光效应。现在都已经过时了。我一下子也记不住这么多，遇到实际情况就会想到了。再说现在政策变化也快，我也要不断地学习，好多情况，等想到了再跟你说吧。"

天哪！楚楚心想，我这个小出纳的脑子哪装得下这么多东西，不将我脑袋挤破才怪呢。她有点不相信地问道："艾会计，您平常就是这样记的？"

"是呀。"艾会计回答得很干脆，"我也是慢慢在实践中摸索积累的。你们年轻人记性好。上网一搜，很多需要的信息就搜出来了。我们还要想半天，找半天。"

楚楚一听，艾会计业务这么娴熟，还这么谦虚，自己更应该踏踏实实地学习了。

发票合格，
手续齐全，
方能报销。

10. 错账更正

财务人员要心细如发，考虑问题要周全。经验都是在实践中逐渐积累的，虽然烦琐，但难度其实并不大，处处留心皆学问。

时间过得真快，一天又快结束了。楚楚今天收了几笔小额货款，交的都是现金，库存现金已经有几万元了。昨天交接时，艾会计说公司的库存现金限额是1万元，超过的部分要存到银行，这是公司的规定。楚楚跟艾会计请示后，跑了一趟银行，先将超出1万元的现金存到了公司的银行账户，然后开始编制现金日报表。

今天经手的业务虽然不多，但楚楚都有深刻的印象，她总结了一下：

一是遇到麻烦事怎样解决，遇事要冷静，沉着应对；

二是面对诱惑，要行得端，立得正；

三是财务人员要心细如发，考虑问题要周全。

现金日报表很快编制完了。楚楚开始清点现金，很快就点完了。

竟然不对！相差9元钱。

坏了，怎么会出错呢？她又清点了一次，还是相差9元钱。9元钱是个小数字，但是也要查出来，不然回去，饭也吃不香，觉也睡不好。楚楚将单据又拿出来一张张核对。

艾会计看楚楚清点了两遍现金,并没像昨天那样快速将现金日报表交给自己审核,反而重新开始核对单据,心里就知道她肯定对不上账了。但艾会计耐得住性子,看破不说破,她让楚楚自己检查,这对楚楚提高业务有帮助。

楚楚心急,越急越无头绪,额头上渗出了一层汗,脑中设想了无数个假设,同时又自怨自艾,这该如何是好,怎么跟艾会计交待?纸是包不住火的,不能隐瞒,还是虚心向艾会计请教吧,艾会计是老会计,说不定能帮上忙,可以少走弯路,节省时间。

楚楚正这样想着的时候,艾会计发话了。

> 怎么样,弄好了吧,小楚?弄好了就交过来。

> 弄好了,艾会计。但还不能交给您,差了9元钱。

艾会计听楚楚如实汇报后,心里反倒踏实了。就怕楚楚有什么事情放在心里,如果隐瞒,将后患无穷。出现问题是正常的,有问题就想办法解决。"没关系,你先将单据交给我吧,我来看看。"艾会计心平气和地说。

楚楚将单据交给了艾会计。艾会计接过单据一看,楚楚做得挺好的,收入、支出都分了类,审查起来也方便,现金日报表也打印出来了,核对时一目了然。楚楚像个听话的小学生,站在艾会计身边,看艾会计老花镜后面的眼睛,炯炯有神,仿佛放着光,厚厚的镜片,犹如照妖镜一般,扫过她手中的单据。楚楚屏住呼吸,尽量不影响艾会计。

很快,艾会计找了一张单据出来,交给楚楚。这是一张报销费用的单据,金额610元。各项审批手续齐全,大小写正确,艾会计也查了发票，还用铅笔在上面写了个"查"字，应该没有什么问题。难道问题就出在这张单据上面？楚楚心中正疑惑时，艾会计又将现金日报表递给她，指着支出栏中的这笔记录，沉默不语。

楚楚将单据和现金日报表一对照，问题还真出在这，自己将报销费用 610 元在现金日报表上录成了 601 元。再看自己编制的现金日记账，竟然也是犯了同样的错误，难怪相差 9 元钱。艾会计真神了！她在心里感叹。

既然查出来了，就好办了。楚楚马上回到计算机旁，将现金日报表中录入错误的数字 601 修改成 610，心里的一块石头也落了地。

楚楚正自怨自艾时，艾会计反倒安慰起她来。"小楚，虽说我们做财务的要认真细致，但我们也是人，不是神。俗话说'人非圣贤，孰能无过？'类似的情况，我年轻时也犯过。但我们要力争不犯错，少犯错，不犯同样的错。而且错了之后要迅速改正，人无完人，金无足赤，谁都有可能犯错，最重要的是知错就改。"

楚楚知道艾会计这是在安慰自己，可话里也有话，知错就改，如果自己刻意隐瞒，不思悔改，便会错上加错。艾会计也是告诫自己，她说得很委婉。良药苦口利于病，忠言逆耳利于行。自己要努力工作，方能对得住艾会计这番苦口婆心。楚楚在心里暗暗发誓。

楚楚在修改现金日报表时，艾会计又说道："小楚，你刚才说差了 9 元钱，用财务专业语言来说，应该是短款。所谓短款，是指现金实存数小于账面余额。其实你并没有短款，只是你在登记日记账和编制现金日报表时出现了差错。"

噢，原来差钱，还取了个名字，叫短款。而且自己今天并未短款，只是粗心大意，数字写错了。楚楚将现金日报表和单据交给艾会计说："我记住了，艾会计。"

现金日报表上艾会计签了字，单据也交给艾会计了，楚楚以为没事了。可艾会计却说道:"小楚,现金日报表好改,是电子文档,你登记的现金日记账改过来了吗?"

楚楚拍拍脑子,怎么把这给忘了,只想着没有错账、余额相符就行了,现金日记账还没改过来,楚楚赶忙拿了橡皮擦,准备将错了的部分擦掉后重写。艾会计看她拿橡皮擦,已经猜到了她下面要进行的操作,忙阻止道:"这样乱改可不行,小楚。错账更正有错账更正的方法。我来给你讲讲。"

楚楚忙放下手中的橡皮擦,听艾会计告诉自己如何进行错账更正。

艾会计将现金日记账翻到以前的日期,从中找出了一笔。只见王丽在错记的文字和数字上,划了一条红色的直线,在其上方用黑色的字迹写明了正确的内容。艾会计讲解道:"这种更正错误的方法,就是划线更正法。你这种错误,便适合用划线更正法。"

楚楚听了艾会计的讲解,又看了王丽划线更正的样板,心想:这种更正方法,比自己拿橡皮擦乱擦好多了。红色的线划在那里,一看就知道错了,上面重新写上正确的数字,一目了然。自己要是乱擦,账页有可能被擦破,背面的字迹有可能不清晰、不完整。

转眼下班时间就到了。明后两天是周末,楚楚不知道公司是不是周末正常休息,看到艾会计还没有走的意思,也不好意思先走,便开始捋起袖子,收拾桌面,然后又拿了抹布,准备打扫卫生。

艾会计惊讶地抬起头来,看楚楚要打扫卫生,想起她早上来时无精打采的样子,忍不住笑道:"怎么啦?到了下班时间还舍不得回家?明后两天是周末,可以约男朋友啦?"

一句话说得楚楚脸烫烫的,耳根都红了起来。很显然,艾会计告诉自己,周末正常休息。耶!回家啰!马上放下抹布,愉快地奔出了财务部。

楚楚刚走,钱经理便来到了财务部。钱经理心想楚楚上班有两天了,从两天的表现情况来看，这个人招对了，是个可造之才。但还是要和艾会计沟通一下，毕竟她和艾会计朝夕相处，艾会计了解得更全面。

艾会计是公司多年的老会计了，公司上下对她的评价都很高，上班来得最早，下班走得最晚，节假日还会主动加班，而且工作认真负责，有许多工作，领导没有安排，她便主动做了，有些事领导没有想到，她便及时提醒。有了艾会计这个得力帮手，钱经理当财务部负责人轻松多了。钱经理也尊重艾会计，大事小事都和艾会计商量，听取艾会计的意见。自然，楚楚这个新来的出纳，肯定也要听艾会计对她的评价了。

艾会计首先肯定了楚楚为人诚实，这和钱经理招聘时的看法一样。楚楚应聘时没有因为想被录用而说谎；今天清点现金时，发现错了9元钱也没有隐瞒，主动向艾会计汇报。也说明，她是个诚实的人。从昨天到今天收款、付款的情况看，比较熟练，开支票、开增值税发票，上手都比较快，也肯学习，不懂就问，没有不懂装懂，更没有自作主张。不足之处是实践经验欠缺，随机应变能力不强，只会处理简单的业务，还不够细致，只看到了业务的表面现象，没有深究其中的内涵和实质。今天的现金日记账登记错了一笔，编制现金日报表时都没查出来。看来对楚楚的培养还需一个漫长的过程。

听了艾会计对楚楚的点评，钱经理也放了心。只要人品好就行，业务不熟悉，可以慢慢教，慢慢学。

"既然如此，那就跟郑总汇报，让人事部的任主管下周和楚楚签临时劳动合同吧。"钱经理看艾会计赞同自己的看法，便提议到。

"可以。"艾会计赞成道，"签了合同，便有了保障，早点让她吃个定心丸，同时也有了约束，也好让她专心工作。"

"人非圣贤,孰能无过?"工作中出现问题要及时找到差错,分析原因,改正差错,总结经验,不再犯错。

10. 错账更正

11. 收到假币

真的假不了，假的真不了。要想辨真假，就得懂诀窍。

经过一个周末的休整，楚楚状态有了明显的变化。周一早上她不等闹钟响起便早早地起了床，穿上工作服，将自己收拾得神清气爽，满怀信心地去上班了。上周四上班报到，周五行政法务部小吴通知她在打卡机上录入个人信息和头像，现在打卡程序里面已经有了她的信息。楚楚站在打卡机前，她的面容从打卡机里显露出来时，里面一个亲切的声音传了出来："早上好，感谢您为公司的付出。"

听到这声问候，楚楚喜出望外。今天楚楚到办公室比艾会计和王丽早，可以打扫一下卫生了。

财务部就是楚楚在公司的家，家里不清洁怎么行？一个好的工作环境，可以让人心情愉悦。别人到财务部来办事，进门就感觉清清爽爽，悦目娱心。艾会计说过财务部代表公司的形象，办公室干净整洁也是财务部展现形象的一个方面。楚楚心想：艾会计、王丽都是师傅，打扫卫生这点小事还要师傅亲自动手，多不好意思！

打扫完卫生，楚楚又将艾会计的茶杯洗得干

干干净净，开水也打来了。艾会计是师傅，对师傅的尊重也体现在平时的点滴小事上，王丽喝的是白开水，茶杯很干净。楚楚对自己的表现很满意，打开计算机坐了下来，艾会计进门便眼前一亮。

> 早上好，艾会计。

> 小楚好，今天这么早啊？卫生都做好了。办公室有个女孩子就是好。一来就收拾得干干净净的，真就有了一种家的感觉。

听到艾会计的表扬，楚楚倒不好意思了，忸怩道："看您说的，这是我应该做的。"

"哎，看来我们老同志有福享啦！"艾会计提起开水瓶准备去打开水，一提是满的，更满意了。泡了一杯酽茶，美滋滋地喝了一口，神态很是享受。

这时人事部的任主管来到财务部门口，一边跟艾会计打招呼，一边说："小楚，你到我办公室来一下。"

楚楚在应聘时和任主管有过一面之缘，后来在公司食堂就餐时，见到过两次，可从没跟任主管办过业务，不知道任主管有什么工作上的安排，楚楚应声而起，跟随任主管去人事部的办公室了。

进了人事部才知道，要签临时劳动合同。楚楚这才想起，自己到公司上班，第一天跟王丽办理交接手续，然后，直接走马上任接手办理收付款业务，到现在还没签订劳动合同，即便是临时的，也应该履行手续。她哪里知道，这是财务部钱经理和艾会计根据她上周的表现，向郑总汇报后，郑总才安排人事部的任主管跟她签订临时劳动合同。

一起毕业的闺蜜洋洋比楚楚入职早，已经签了正式的劳动合同，楚楚曾经听她讲过"五险一金"，知道这是正式员工才能享受的待遇。

11. 收到假币

洋洋还说过，签了劳动合同就有了保障，有了法律依据。楚楚好奇地拿起了劳动合同，认真地看了起来。

劳动合同是省人力资源和社会保障厅制作的示范文本。甲方是公司，已经写好了，乙方是楚楚，还空着。合同的第一页是签约须知，后面是具体内容。签约须知要看仔细，这里面有对签约者的保护和提示；劳动报酬是在应聘时和应聘者谈好的；试用期是三个月；试用期满后，如果合格，即成为正式员工，不再签订新的劳动合同，就以本合同为准；社会保险和福利待遇均按照国家和省级相关规定办理；其他都是固定格式，但有一条保密条款比较特殊，这是钱经理和艾会计再三嘱咐过的，合同里面也明确规定：严格遵守公司的保密规定，保守财务秘密。未按规定经过批准，不得向任何人、任何单位提供财务信息资料。

任主管将保密责任的条款指给楚楚看。楚楚对此完全能够理解。自己的岗位本来就特殊，单据都要经自己的手，天天都和钱打交道，不保守财务秘密怎么行？这是职责所在。

楚楚跟任主管说："这个您放心，我会做到的。"

任主管拿出笔来说："既然没有意见，那我们就签约。"

楚楚接过笔，在乙方签名处认认真真地签上了自己的名字。劳动合同一式两份。楚楚签过字后，任主管在甲方代表签名处签了字。楚楚伸出手来，准备拿上自己的一份，任主管说："稍等片刻，我去盖章。"

楚楚按捺住激动的心情，重新坐了下来。任主管很快就回来了，将一份劳动合同交给楚楚，伸出手来说："欢迎你成为公司的一员。"

楚楚左手拿着合同，大方地和任主管握了握手，真诚地说："谢谢您，任主管。我刚来公司，有很多事情还不懂，请您以后多帮助。"

任主管说："小楚，其他方面的事我可以帮你，财务我可是一窍不通，你平时多向王丽、艾会计和钱经理请教。他们为人都不错，业务水平也很高，你在他们手下做事，应该进步很快。"

楚楚签完劳动合同，愉快地回到财务部。艾会计正在接电话，是税务局专管员打过来的。通知企业会计明天到税务局参加培训。

艾会计在笔记本上记了下来，看楚楚进来，说道："小楚，记得提醒我一下，明天上午要到税务局去培训。年纪大了，记性不好。"

楚楚爽快地答应道："好的，艾会计。明天一定提醒您。"

正说着，销售员赵金诚带了一个客户进来。楚楚对赵金诚印象深刻，那天他没有提醒自己应先拿支票和进账单去银行办理进账，然后再开发票，自己险些铸成大错，不然今天还要到银行去办理进账，公司的货款就要晚进账四天。

不过还好，这次是上门采购的小客户，带的是现金。楚楚先核对销货清单，然后点钱，最后开票。楚楚早已轻车熟路，清点现金时，有张百元钞票在验钞机上过时，验钞机传出了提示音："请注意，这张是假币。"

楚楚马上将这张钞票拿了出来，重新在验钞机上又过了一遍，传出来的声音还是说它是假币。楚楚右手将它拿出来，左手拿张真币，对照检查，还真不太像真币，但具体在哪，自己也说不清楚。

两年前，楚楚也遇到过 50 元的假币，当时，楚楚去买东西，售货员说是假币，楚楚的脸涨得通红，好像做了贼似的，赶快换了一张，回家就将假币撕了，一边撕，一边在心里痛骂造假币的，伪造货币扰乱市场经济秩序。

现在个人消费，一般都用支付宝、微信支付，很少用现金了。但楚楚所在的公司还没开始使用支付宝、微信这种收款方式，客户要付款都是转账到公司账户。但交来的小额现金不能拒收，不能将客户拒之门外。营销人员很辛苦，财务人员要做好配合。

还好，几千元，也就一张假币。客户也许跟自己当初一样，假币是怎么来的都不知道。楚楚于是客气地说道："不好意思，请您换一张。"

客户神情极为尴尬，边换边解释说："不好意思，我不是故意的，我自己都不知道。"

处理完业务，客户走后，艾会计感慨万千地说："我这么多年的老会计，也有阴沟里翻船的时候。去年手里不知怎么就有了一张假币，真是防不胜防，只好自认倒霉。"说着从她的抽屉里拿了一张假币出来，递给楚楚看。

楚楚接过来，正看反看，左看右看，也觉得有点假，但假在哪里，也说不出个所以然。醒目的是艾会计在上面划了一个大大的叉，用红笔写上了"假币"二字。

艾会计接着说："这方面，我们公司的王丽经验就很丰富。我去年收了这张假币后，她就专门送给我一张纸条，上面写着她揣摩出的几个绝招。你请教一下她。"

"哪里经验丰富，只不过吃一堑长一智罢了。"王丽听艾会计表扬自己，谦虚地说。王丽把小纸条递给楚楚，只见上面写着：**辨别假币三绝招：一摸二看三听。**

摸，真币的凹凸感强，光洁度好，厚薄均匀，假币则反之；

看，真币毛泽东头像水印清晰，立体感强，正面有一条完整显眼的金属线，隐形数字"50"或者"100"迎着光看很清晰，"孔方"图案能对接；

听，用手指轻弹，或抖动，或轻拉，听到清脆的响声就是真币。

楚楚感到惭愧，自己做了几天出纳，还真不会辨别钱的真假，只能借助验钞机。楚楚将保险柜中的钱取了几张出来，对照王丽的绝招，逐一验证。

慢慢地，摸出感觉了。艾会计那张假币，怎么摸，都跟真币有点不同。手感粗糙，有涩感，松软，毛泽东图案衣领处，国徽和"中国人民银行"字样，摸时就没感觉，再摸真币，能明显感觉到凹凸感。

楚楚对真假币的辨别产生了浓厚的兴趣。楚楚以前辨别真假币，也看毛泽东头像，但不知道专业术语是水印，也看金属钱和隐形数字，但从来没听说过"孔方"图案。她问王丽："'孔方'图案是什么呢？"

王丽过来，拿起一张真币，指着正面自左 1/4 中心处的一个小圆圈说："这就是'孔方'图案，以前我也不注意，还是银行的人教我的。"然后将钱反过来，指着背面自右 1/4 中心处的一个小圆圈说："背面也有，正反两面，一面一个。"

楚楚一看，还真有个类似古钱币的图案，半边明显半边暗，反过来是另外半边暗半边明显，原来是阴阳互补的图案。迎光透视，两个圆圈中的图案都能准确对接，组合成一个完整的古钱币图案，原来这就是所谓的"孔方"图案。

一想到听，楚楚就想到了电影、电视里面经常出现的画面：卖货的人收了银元，用手指头弹一弹银元，然后放在耳边听，是真的便露出笑眯眯的神态。她按王丽所说的绝招，也用纤手玉指轻轻弹了一下手中的一张真币，果然听到了清脆响亮的声音。

王丽、艾会计看到楚楚憨态可掬的样子，忍不住都笑了起来。小女孩认真起来还真可爱。楚楚听到王丽、艾会计的笑声，也不在意，又问王丽道："您怎么这样精通？跟谁学的？"

"她呀，也是花钱买教训。有次到银行去存钱，竟然有两张假币，当场被银行没收，给她开了张收据。她回来懊恼不已，这才摸索出三绝招。"艾会计看王丽不好意思，替王丽回答道。

"哎呀，这样的倒霉事，千万不要让我碰到。"楚楚听了，心里马上咯噔一下，看来出纳真不简单，不认真就要赔钱，自己还真要有火眼金睛才行，手要摸，眼要看，耳要听。按王丽所说，熟练之后，凭的就是一种感觉。

"还有收到磨损或残缺的钱，也就是我们习惯称呼的'破钱'，怎么办？这个你也可以向王丽请教。"艾会计又提示道。

楚楚也曾有过这样的经历。"到底应该怎么处理呢？"她向王丽请教。

王丽开始了详细讲解："破钱"是我们的口头语，银行术语称之为"损伤券"，虽然这些钱一看是旧的、脏的，甚至已经破损，但仍然可以流通使用。我的经验是只要不是太破损，一般还是接受，如果太破损了，现场提示交款人更换；自己收到的"损伤券"一般都单独清理出来，定期到银行兑换。

正说着，司机杨华走进了财务部，他是来报销出差费用的。楚楚知道他上周和郑总到省城出差的事情，现在人也熟了，杨华直接走到了她面前，不是再去找王丽。楚楚马上将艾会计的那张假币还给了她，将真币都收了起来，放入保险柜中，将王丽的绝招夹到了自己的笔记本中，开始给小杨办理业务。

辨别假币三绝招：一摸二看三听，假币无处藏身！

12. 银行汇票

财务部是公司的重要部门，其他部门如采购部、生产部、销售部也同样重要，缺一不可，而且各部门要紧密配合。

司机杨华前脚刚走，销售员赵金诚就进了财务部。

> 楚出纳，看不出你还真精明，换成我，说不定就收了那张假币了。

楚楚清楚赵金诚是无事不登三宝殿，肯定又有业务办理。自己跟他办了两笔业务，都差点出错。对他的恭维话不以为然，反倒格外留神。

> 您办业务？

赵金诚手头拿着一叠资料：销售合同、销售清单、银行汇票和解讫通知。楚楚周末刚把银行票据方面的知识复习了一遍，但全部停留在书本上，真正的银行汇票还没见过。楚楚心想：昨天还担心哪天收了银行票据怎么处理，担心什么，就来什么。常言道："兵来将挡，水来土掩。""先审查银行汇票，再填进账单，银行进账后，就可以开具增值税发票了。"楚楚在心里想到。

楚楚一看，汇票的收款人是本公司，全称相符，银行汇票和解讫通知两联相符，汇票号码和记载的内容一致，提示付款期限为一个月，汇票是上周五开出来的，也在付款期内，汇票上记载的事项齐全，出票人印章清晰，符合规定，出票日期、出票金额都填写规范。

楚楚想起书上写的：汇票上还要有压数机压印的出票金额，并与大写出票金额一致。楚楚拿起汇票，迎着光线细看，仔细核对，也是相符的。楚楚在汇票背面"持票人向银行提示付款签章"处，盖上了与银行预留印鉴相符的印章，然后又填了一式两联的进账单。

今天收的现金，按规定超过库存限额的，要进账。楚楚填写了现金进账单，这是第一笔业务。再根据银行汇票上的金额，也填写好了进账单，这是第二笔业务。王丽移交的支票用完了，要到银行购买，这是她要到银行办理的第三笔业务。

首先是送存现金。银行职员接过钱问道："进多少？"楚楚按进账单上的数字回答。楚楚心想：难怪艾会计那天提示自己，不管别人清点不清点，都要提示，银行职员现在就是在提示，这样就可以得到对方的确认。银行职员清点后，再次肯定地重复了楚楚所回答的数字，看楚楚在窗口外点头后，便在进账单上盖上了银行印鉴，也盖上了经办人印章，交给了楚楚。

其次是银行汇票的进账。银行职员收了汇票，认真进行了复核，检查了压数机压印的出票金额和大写出票金额是否一致，检查了汇票和进账单上的金额是否一致，再检查背面的印鉴和预留印鉴是否相符，又将进账单对照检查，方收了汇票，在楚楚开具的进账单上再次盖上了银行印鉴，交给楚楚，给公司办理了转账。

最后是购买支票。银行职员再次拿出印鉴簿，与预留印鉴核对相符后，拿出"空白重要凭证登记簿"登记领用日期、领用单位、支票起讫号码等。

"买支票要交工本费，付现金还是扣款转账？"银行职员问。

楚楚马上从包里掏出了钱，放到窗口里面。银行职员收了工本费后，给她开了一张收据，登记完支票内容，银行职员又在每张支票上加盖银行名称等内容。盖完后，逐一检查完毕，才交给楚楚，并提示楚楚核对。

楚楚接过支票，认真核对。崭新的支票，顺序连号，银行名称和号码都盖得相当清晰。一本现金支票，一本转账支票，又可以用一段时间了。

楚楚回到财务部，开始给赵金诚开具增值税发票。赵金诚在一旁搭讪道："楚出纳，你跟王丽一样，办事效率就是高，这么快就到银行办好了。"

楚楚笑了笑说："顾客就是上帝。上帝来了，我们办事还能不脚踩风火轮？"

赵金诚听了楚楚的话，忙竖起大拇指说："楚出纳，高！"

楚楚开好了发票，交给艾会计审核。艾会计对照销售合同、审核

12. 银行汇票

销货清单与进账单，然后拿到钱经理那里盖好发票专用章后交给赵金诚。边给赵金诚时边说："赵金诚，你最近不错呀，签了好几笔单，你们潘经理肯定要表扬你了，月底的工资很可观噢。"

赵金诚拿了发票，倒不好意思起来："哪里，哪里，也有你们财务部的功劳，从来没让我们在客户面前失信，款一到就开票，相当及时，信誉度高，客户都觉得和我们公司合作很愉快。"

赵金诚真诚地说："都说我们销售员会说话，其实我说的都是心里话。如果办理不及时，客户有意见，还不是我们销售员受气，要跟客户解释，说好话。"

艾会计听赵金诚动了真情，说出了内心话，反过来安慰赵金诚说："你们销售员也不容易，从早到晚，奔波劳苦。"

楚楚心想：原来销售员这么不容易，以后要全力支持他们的工作，大家一起努力把市场做大。

> 业财融合的一个重要标志便是各部门之间紧密联系、互相协助，而不是互设门槛，各自为战。

13. 单独理账

外出前要锁好抽屉和门，注意安全。同时要向领导汇报去向，或在去向牌上注明去向，这些都是财务人员需要时刻注意的细节，要养成良好的习惯，不能因为工作忙而疏忽大意。

星期二早上，楚楚早早就上班了，打扫完卫生之后，等王丽、艾会计来上班。艾会计一进门，楚楚便提醒道："艾会计，您昨天要我提醒您的，今天要去税务局参加培训。"

艾会计"噢"了一声，笑道："事一多就忘了，幸好你提醒。"等王丽来了之后，艾会计和王丽一起收拾了笔记本和公文包，到隔壁钱经理办公室去了。

昨天艾会计向钱经理汇报过，今天要到税务局参加培训。税务事项有些需要王丽来办理，所以艾会计要和王丽一起去参加培训。关键是楚楚刚来没几天，一个人单独处理业务，艾会计放心不下。钱经理说："王丽、艾会计，你们放心去吧，这里还有我呢。再说她终究有一天要单独处理业务的，该放手时，我们还是要放手。"

钱经理话都说到这份上了，王丽、艾会计还有什么不放心的。王丽、艾会计到财务部跟楚楚交待道："小楚，有什么不懂的、拿不准的，到钱经理那儿去请示，也可以打电话或发微信问我们。"

楚楚这才回过神来，王丽、艾会计走后，就自己一个人在财务部了，什么事情都要一个人单独处理了。她们是在提醒自己，怕自己出错。楚楚马上表态："好的，我记住了。"

平常有王丽、艾会计在，楚楚在办公室总觉得有种安全感。现在王丽、艾会计都去参加培训了，没人坐镇指挥，自己一个人在办公室，总觉得主心骨不在，胆气不壮。

这就跟以前没上大学时，总在父母身边一样，什么事情都有个依靠，从读大学开始，自己就要独立生活了。现在也一样，要独立工作了。什么事情都有一个过程。

陆续有人来财务部办理业务了，有公司的员工，也有外单位的人员，有内部结算的，也有外部报销发票的，楚楚开始有条不紊地逐一办理。发票来了，首先看基本要素，单位名称、开票日期、商品名称、单价金额、大小写金额、开票单位、发票专用章等，然后要到计算机税务发票查询网上查验真伪，接着核对审批手续，请财务部负责人钱经理审批，主管副总、主管财务副总、总经理签字，最后报销。进入工作状态后，倒忘了王丽、艾会计去参加培训了。

也有来交款的。楚楚昨天学会了如何辨别真假币，先在验钞机上过一遍，再用手清点，一摸二看三听，在实践中慢慢有了感觉，眼在看，手在摸，耳在听，这种感觉只可意会而无法言传。

也有要开增值税发票的。楚楚逐一核对了

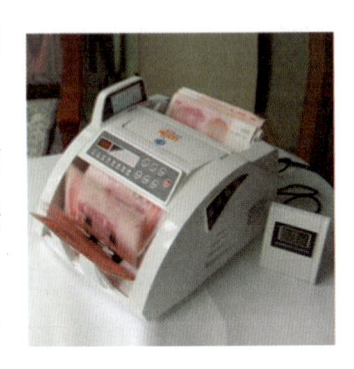

合同、销货清单、对方单位的开票信息,然后计算金额、核对审批手续、开具发票、请钱经理盖章、交付客户。

采购部的小张来了。公司采购材料要付款,各项手续齐全。他轻言细语地和楚楚打招呼,心里还在为那天态度不好而愧疚。楚楚给他开了支票,让他在支票存根上签字后,楚楚拿到钱经理处盖好章后交给他。

销售部的赵金诚也来了。楚楚现在不仅不觉得小赵来是添麻烦的,还很欢迎小赵来,他一来,公司就有收入了。所以小赵来,楚楚的态度也有了改变。

行政法务部的小吴来报销办公用品和业务招待费。公司关于办公用品和业务招待费的报销也有规定。王丽、艾会计告诉过楚楚,关于这方面规定的文件放在哪里,楚楚也抽空学习过。小吴拿过来的单据符合公司规定,手续也都齐全。楚楚按照规定逐一办理。

所有人来,楚楚都笑脸相迎,不管认识的还是不认识的,楚楚主动询问:"您有什么事?""您要办什么业务?"收付款时,也按艾会计的提醒,收到多少钱,向客户报个数,得到客户的确认;付出多少钱,也给客户报数,提醒客户清点确认。

隔壁办公室的钱经理竖起耳朵听财务部的动静。看楚楚时不时进进出出,到自己办公室,到郑总办公室,虽然紧张忙碌,但一切井然有序。楚楚拿过来要审核的发票,钱经理也上税务发票查询网查验了,都没有问题。看来小女孩可以独当一面了,放手是应该的。

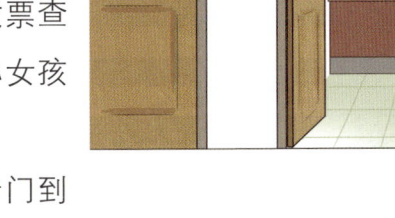

要到银行办理业务时,楚楚专门到钱经理办公室跟钱经理打招呼:"如果有人来办理业务,请您跟他们解

释下,说我到银行去了,很快就会回来,稍等片刻。"看到楚楚既有组织纪律性,也有时间观念。钱经理心想:是个好苗子,可以好好培养。

楚楚去银行后,钱经理又来到财务部,看财务部的门锁得好好的,更放心了,这个小女孩的安全意识也很强。财务部门口的去向牌上,注明了王丽、艾会计到税务局参加培训,楚楚到银行办理业务。虽然这些都是细节,但确实是财务人员需要时刻注意的。

这些常识,一多半是王丽、艾会计言传身教的,也有少部分是楚楚自己悟出来的。安全意识,艾会计很慎重地跟楚楚说过,还特别提醒楚楚业务忙时更要注意。去向牌是楚楚自己填的。王丽、艾会计不在,她又要去银行,万一要是客户有急事来办理,财务部没人,怎么办?客户会不会投诉,领导会不会批评?至少要告诉客户去向。

王丽、艾会计在税务局参加培训时,竟然没接到楚楚一个电话,也没收到楚楚发来的微信,心想这小女孩胆子还挺大的,真就没遇到什么问题,一点麻烦都没有?不可能吧。是不是向钱经理请示了?有钱经理坐镇,应该不会有什么问题,可能真是杞人忧天了。

培训一结束,王丽、艾会计便急急忙忙赶回公司。

回公司后首先是向钱经理汇报培训情况,然后才回财务部。楚楚看王丽、艾会计回来,忙热情地问候:"回来啦。"

"回来了。"艾会计边回答边关切地问道,"今天还好吧,有没有什么问题?"

"没有特殊情况。"楚楚回答道。

"没事就好。"王丽、艾会计放下心来,开始工作。楚楚将今天所发生的业务,全部整理了一遍,按收支进行了分类,准备交给艾会计审查。

楚楚将单据放到艾会计桌上说:"艾会计,您和王丽今天去培训,我不知道这些业务处理得是否正确,您帮我审查一下。"

楚楚不说，艾会计都想这么做。楚楚主动送来，当然更好了。艾会计审查时，楚楚回忆着自己处理每笔业务的过程，虽然心里有底，但还是有点忐忑不安。

很快艾会计便审查完毕，把单据交给楚楚说："小楚，没问题，可以编制今天的现金日报表了。"

楚楚听到艾会计的话，喜出望外，忙接过单据，根据单据编制现金日报表。

> 纸上得来终觉浅，
> 绝知此事要躬行。

14. 查错技巧

资金账不允许出现差错，一旦有差错，必须立即查明原因，及时更正。在现金清查中，不要以为实际金额比账面金额多（长款）就不用查找原因了，其实不然，逢多必少，隐藏在多后面的少更重要。如果实际金额比账面金额少（短款），也许并未短款，可能是记错了账。此时，用错账查找方法进行查找并更正。

楚楚编制好现金日报表后，计算出当天的现金余额，从保险柜中取出库存现金进行清点。天哪！今天怎么多了3 114元。这可不是小数字。上次错账只有9元，现在一下子多出这么多钱，到底是怎么回事？刚才还说今天两位师傅不在，没有出现什么问题，可艾会计一回来，自己就发现了错误，真是百密一疏。快点检查……

单据加了两遍，也一张张核对过了，现金日报表中的数字加了两遍，也没有发现错误，现金也清点了两遍，结果还是一样，楚楚脑子里面又像过电影似的将发生的业务在脑海中转了两圈，还是想不出个所以然来。没办法，请教师傅吧。

> 艾会计，今天不知怎么多出了 3 114 元。我查了几遍都查不出来，您能帮我查查吗？

楚楚心想：艾会计可不是一般人，上次错账 9 元，艾会计几分钟就查出来了。师傅就是师傅，不服都不行。

艾会计正悠闲自在地喝着茶，心想小楚这孩子还真争气，以前没有实践经验，来了也没几天，学得还挺快的，今天就能一个人单独处理业务了。等她业务熟练后，过几天再给她派些别的工作锻炼锻炼，让她尽快将王丽手头税务的工作也接下来。正这样想着，楚楚就来请教了。

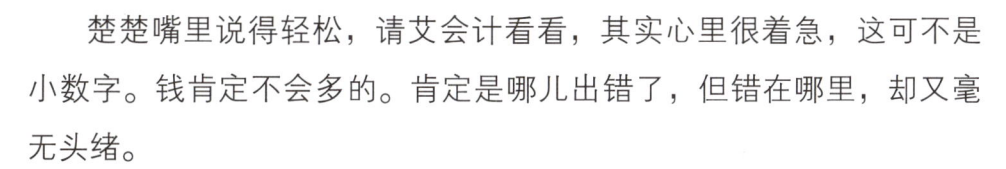

楚楚嘴里说得轻松，请艾会计看看，其实心里很着急，这可不是小数字。钱肯定不会多的。肯定是哪儿出错了，但错在哪里，却又毫无头绪。

艾会计放下茶杯，接过单据和现金日报表问："多了多少钱？"

"3 114 元。"

艾会计拿支铅笔，记下数字后，用计算器乘以 2，记下数字，又除以 2，再记下数字。乘以 0.9，记下数字，又除以 0.9，再记下数字。然后将现金日报表和单据拿过来进行查找。很快，艾会计就从单据中找了一张出来，又和现金日报表上进行核对。确认无误后，将单据放在楚楚面前，又用铅笔将现金日报表中的错误标了出来，艾会计一言不发，又端起了茶杯。

楚楚一看，是一张支出的单据，大写金额是叁仟肆佰陆拾元整，小写金额也是 3 460 元，只不过 0 写得有点小，自己没看清楚，登记现金日报表时，将它看成了 346 元。3 460-346=3 114。艾会计是怎么查出来的呢？而且查得那么快？艾会计查时，自己也看了，乘以2，除以2，肯定都不准确，乘以0.9，也得不出结果，除以0.9？楚楚脑中迅速闪出，3 114/0.9=3 460。原来艾会计是根据这几个数字来进行查找的。看来这里面有规律，得好好请教艾会计，以后有了类似的情况，自己就可以查找，不需要再麻烦艾会计了。

艾会计，我两次错误，您都能又快又准地查出来，肯定跟王丽验钞票一样，有绝招。能教一下我吗？

小楚，我哪里有什么绝招，只不过是些比较实用的经验而已。你想学也行，我可以教你。

好啊，好啊。

出现了差错，先不要急，首先分析是大错还是小错，数额小，比如是元、角的差错，我们就可以在有元、角的单据里面进行查找，这样既缩小了范围，又可以节省时间，达到事半功倍的效果。

如果是大错呢？

大错的查找方法有很多。首先我记下了你相差的数额，如果是漏记了，一笔笔看，肯定有你漏记的数，也是一查一个准。如果是方向记反了，乘以2，或除以2，也可以查出来。这个也好查。不好查的是数字写大了，或写小了，还有邻数颠倒了。比如你将数字写小了，把3 460写成了346。相差3 114。这个可以用差额除9法，3 114/0.9，刚好等于3 460，你单据里面不是有一张数字是3 460的票据吗？这是写小了，还有写大的。比如50，写成了500，相差450，450/9=50。你照样一查一个准。

难怪您查得这么快,原来都有规律。

这也是在实践中总结出来的。有的书上专门讲查账的方法,比我讲得更系统。你有空上网查查,肯定能有收获。在我看来,最难查的是邻数颠倒了。你上次错了9元,就是邻数颠倒的问题,是601写成了610,还是610写成了601?

610写成了601。

我这里有张相邻数字颠倒对照表,你可以复印一下,以后可以对照检查。

楚楚接过相邻数字颠倒对照表(见表14-1)。

表 14-1　　　　　　　　　　相邻数字颠倒对照表

大数颠倒为小数 (左边为颠倒的数,右边为被颠倒的数)								差额	小数颠倒为大数 (左边为被颠倒的数,右边为颠倒的数)							
89	78	67	56	45	34	23	12	01	9	10	21	32	43	54	65	76	87	98
	79	68	57	46	35	24	13	02	18	20	31	42	53	64	75	86	97
		69	58	47	36	25	14	03	27	30	41	52	63	74	85	96	
			59	48	37	26	15	04	36	40	51	62	73	84	95		
				49	38	27	16	05	45	50	61	72	83	94			
					39	28	17	06	54	60	71	82	93				
						29	18	07	63	70	81	92					
							19	08	72	80	91						
								09	81	90							

表中的差额栏中第一栏为9,相邻的两个数分别是01和10。自己一对照,610写成了601,果真如此,令楚楚兴奋不已。

14. 查错技巧

"好了，这些知识也不是一两天就能学会的，需要日积月累。你先将现金日报表改过来，单据交给我，我好做凭证。"艾会计看楚楚兴奋得脸红红的，提醒道。

楚楚这才想起，哇！要下班了。忙将计算机中现金日报表上的数字改了过来，重新打印了一份，连同单据一起交给艾会计。艾会计收了单据和现金日报表后，再次进行了复核，确认无误后才签字。

改了现金日报表，还要改现金日记账，这些都是环环相扣的。上次艾会计给楚楚讲了划线更正法，楚楚早已轻车熟路，很快用这种方法更正过来。

实践出真知，技巧都是在实务中摸索并总结出来的。

15. 装订凭证

会计凭证的装订，可以看出会计人员的工作态度和专业素养。规范、整洁地装订凭证，体现了会计人员认真细致的工作作风。

楚楚今天一上班，便看到艾会计在整理单据，此刻，没有人来办理业务。

艾会计，需要我帮忙吗？

好啊，这可是个细致活，女孩子很适合做的。

"这是装订会计凭证前必须要做的，整理凭证和单据。"艾会计拿起一张凭证说："小楚，你看，这张凭证上面还有大头针，应该取下来，然后再装订。还有后面的附件，纸张比记账凭证大时，我们就要折叠得和凭证差不多大小，折叠后还要保证装订后不在装订线内，这样才方便查阅，也保持数字完整。"

在实际工作中收到的原始凭证往往会大小不一，整理时需要按照记账凭证的大小进行折叠或粘贴，要求所附原始凭证同记账凭证上方、左侧对齐。通常，对面积大于记账凭证的原始凭证应采用折叠法，按照记账凭证的大小将原始凭证多余部分进行折叠，若是上下宽出，先自左向右折叠，再自下向上一次（或多次）折叠。折叠时应注意将凭证的左上角或左侧面空出，防止订死不能翻开，以便装订后展开查阅，原始凭证折叠示意图如图 15-1 和图 15-2 所示。

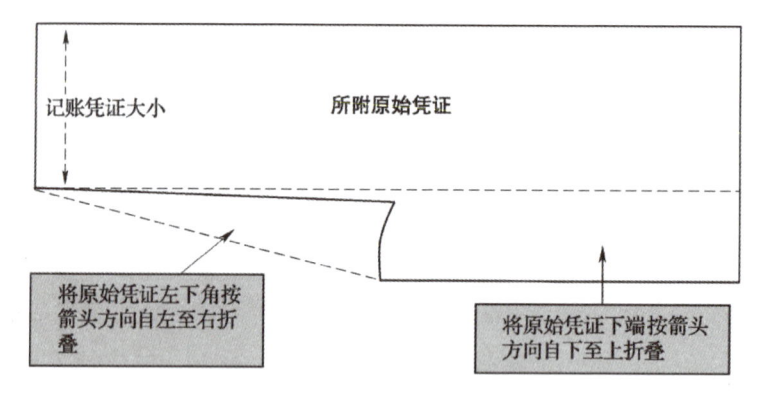

图 15-1　原始凭证折叠示意图 1

注：虚线为原始凭证折叠线，实线箭头为原始凭证折叠方向。

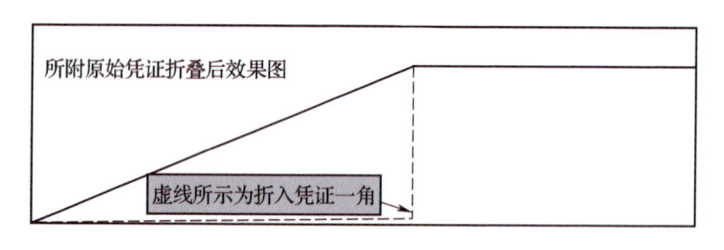

图 15-2　原始凭证折叠示意图 2

若是左右长出，则在上述折叠基础上，比照记账凭证大小，向内折入即可。

楚楚按艾会计演示的顺序，将凭证上的大头针、回形针或订书针取了下来。这是上个月的凭证。艾会计将 1—10 日的凭证放在一起，11—20 日的凭证放在一起，21—30 日的凭证放在一起，共分了三大叠，每叠又分成两本，每本都有顺序，根据凭证号顺序排列，每张凭证上的记账、制单处均有艾会计的印章，复核与主管处是钱经理的印章。凭证排得整整齐齐，仿佛一排排接受检阅的方阵。

昨天晚上，楚楚和闺蜜洋洋在一起，楚楚问她，"你工作做得这么好，而且领导、同事、客户都认可你，你是怎么做到的？洋洋说："就一个字，聪。一边用耳朵听，一边用眼睛看，同时用嘴问，还要动脑筋思考。"楚楚觉得很有道理。现在自己也是一边听艾会计是怎么说的，一边看艾会计是怎么做的，同时不懂的自己便问，还动脑筋思考。楚楚很快便总结出了整理凭证的规律。

（1）按顺序排列，分类整理，检查日期、编号是否齐全，是否缺页、漏编；

（2）摘除凭证内的金属物，如大头针、回形针、订书针之类的，原始凭证比记账凭证大的，要整齐地折叠，便于装订，也便于查阅；

（3）按凭证日期和凭证的多少进行归类；

（4）检查记账凭证上印章是否齐全，如制单、记账、复核、主管等处是否有印章。

接着是装订凭证。艾会计和楚楚开玩笑道："小楚，女孩子装订凭证要像整理自己的嫁妆一样，肯定就会装订得美观了。"

楚楚何尝不想当漂亮的新娘，有漂亮的嫁妆？艾会计生动形象的比喻，让楚楚更上心了。通过艾会计的讲解、楚楚的观察与询问，楚楚已经领悟到了会计凭证装订的规律。

艾会计用的是三角装订法。打开装订机的电源开关，便有语音提示："设备预热中，请稍候。"楚楚听着感觉很新鲜。

接着，楚楚看艾会计操作。装订机的操作步骤分为8步：（1）打开电源开关；（2）调节前后边距；（3）提导向针/插入铆管；（4）按启动键打孔；（5）取出铆管；（6）铆管入孔；（7）导向针入孔；（8）按压铆键热铆。

三角装订法是在凭证的左上角部位打三个眼，装订时尽量缩小所占面积，让记账凭证和原始凭证显露，便于查阅。装订时，体现了上齐下不齐，左齐右不齐的原则，每本凭证尽量不要太厚。装订后的凭证，左边的四角平整，拿起来一看，美观大方。

装订完还有后续工作，填写凭证封面和凭证盒。填写凭证种类、起止号码、凭证张数，还要有装订人员和会计主管人员签章等。装订人员处艾会计让楚楚签名，会计主管人员栏，艾会计盖上了自己的印章。

最后是按编号顺序归档，艾会计打开档案柜，楚楚看到里面的凭证排列得整齐有序。楚楚将装订好的凭证逐一放了进去，仿佛里面又增加了一队"新兵"。

楚楚好奇地拿了一本以前的凭证出来，一看，装订人员处是原来的出纳王丽的签名，会计主管人员是艾会计的印章。难道装订凭证是出纳的工作？她觉得这个问题有点幼稚，不好意思问，但一想，不懂不能装懂，应该不耻下问。

艾会计，装订凭证是出纳的工作还是会计的工作？

小楚，《中华人民共和国会计法》里并没有明确规定装订凭证是出纳的工作，还是会计的工作，但肯定是财务的工作。从原则上说，会计对出纳负有监督、指导的职责，出纳是会计的助手，要协助会计处理日常会计事务。比如装订凭证，要分工协作，既有分工，又有协作。

楚楚理解了艾会计说的监督、指导和分工协作。楚楚想起上班第

一天进行工作移交，艾会计和钱经理都在，而且都在监交人上签字了。再如，艾会计和王丽陪楚楚一起到银行去核对余额，也是监督；每天的现金日报表交给艾会计审查，单据要交给艾会计，艾会计要签字，也是监督。开具支票，还有一个印鉴在钱经理那儿，开具增值税发票，发票专用章也由钱经理保管，这也是监督。没有艾会计的指导，楚楚好多事都不明白，如同一张白纸。

艾会计讲了许多，楚楚总结出与出纳有关的几个制度。

互相牵制制度：管账不管钱，管钱不管账，管审批不管钱也不管账；

印鉴分管制度：开具支票的印鉴不能由出纳一人保管，必须同时由财务主管或经理分开保管；

重要印鉴票证管理制度：印鉴和空白支票要分开保管，不能开具空头支票；

此外，还有日清月结制度、现金盘点制度等。

楚楚渐渐明白了其中的道理，这是内部控制制度的内容，也是财务制度的内容。

互相牵制，不给财务人员单独舞弊的空间和机会，除非是联合舞弊。

印鉴分管是为了资金安全，如果所有印鉴都放在出纳手中，出纳不经监督开具了支票，提了钱跑路，公司的损失可就大了。

印鉴和支票分开保管也是为了资金安全，如果放在一起被盗了，懂财务的盗贼也有提钱的可能，企业资金就不安全，当然空头支票更不能开了，别人拿去一填数字就可以取钱了。

日清月结制度楚楚已经执行了一部分，即日清，但还没有进行过月结。楚楚心想：到了月末，艾会计肯定会让自己做的，到时候就清楚了。虽然不知道月结怎么做，但日清的好处真是太多了，楚楚深有感触，如果不进行日清，自己就不能及时查出 9 元钱和 3 114 元钱的错账，也许到现在还糊里糊涂，日积月累，错误就很难查找出来了。

楚楚心想：现金盘点制度，应该跟自己第一天上班与王丽交接一样，自己每天都进行现金盘点。自己的现金从来不和公司的现金混淆，有时公司需要找零，自己有零钱，也是认真进行兑换，公私分明。她还总结出了公私分明的好处，一旦有错账，也能明确错账的确切金额，才好查账。

现金盘点是货币资金内部控制的一项重要措施。

16. 计算工资

财务部在计算工资，每个员工也都在心中计算着自己的工资。工资关系每个员工的切身利益，谁都不能马虎大意。

为了快速锻炼楚楚的业务能力，艾会计今天又给楚楚安排了一个新任务——计算工资。

公司生产车间员工的工资是生产车间的统计员计算的，生产车间实行的是计件工资制，生产车间的统计员已经计算好了，报过来请财务部审核。销售部员工的工资由销售部的统计员计算的，销售部实行的是底薪加提成工资制，也报给了艾会计，只需审核。财务部要计算的工资是行政法务部、人事部、采购部和财务部员工的工资，他们的工资实行的是固定工资制。也就是说，公司有三个不同的计算工资标准。艾会计让楚楚计算的是实行固定工资制员工的工资。

实行固定工资制的员工，工资标准依据的是公司和员工签订的劳动合同中约定的薪酬标准。公司规定了基本出勤天数，行政法务部将员工的出勤记录交给了财务部，张三、李四、王五，各上了多少天班，谁迟到了，谁早退了，谁请了病假，谁请了事假，都批注得一清二楚。

公司实行的是刷脸打卡，每天上下班，楚楚去打卡，总有一种新鲜感。打卡机里面传出各种各样的问候声："早上好""又见面啦""您迟到啦""早点回家吧""路上注意安全噢""公司因您的付出而精彩""您辛

97

苦啦"等。行政法务部员工的出勤记录，就是根据员工的打卡情况来统计的。工资则是根据出勤记录来计算的。

艾会计将上个月的工资表用 QQ 传给了楚楚，方便楚楚参照比较。楚楚自从学了"聪"字后，耳、眼、口、脑并用，学习业务知识进展很快，她每天都有心得体会，每天都能积累实际工作经验。楚楚希望艾会计给自己多安排一些具体工作，让自己尽快提高业务水平。所以艾会计一安排，楚楚便欣然接受了。

计算工资楚楚很快就遇到了问题，迟到、早退的有两个人，按公司的考勤制度，每次扣 50 元钱。主要是其他情况很多，而且千差万别，比如请假中有事假、病假、产假、婚假、探亲假、员工培训假等。公司有一本厚厚的《公司管理制度汇编》，里面规定了考勤管理及请假、休假制度，楚楚找了出来，先学习然后才能根据具体情况进行具体处理。

考勤管理篇中关于出勤是这样规定的：员工依据公司规定按时坚守本职岗位并履行岗位职责视为出勤。

如下情况可按出勤处理。

（1）经公司批准，脱产参加与本专业有关的出差培训活动。

（2）经公司批准的其他工作情况。

（3）履行法律、法规规定义务的各种情况。

关于迟到与早退的规定：各部门指定专人负责本部门人员考勤工作，行政法务部结合每天的刷脸打卡情况，进行不定期抽查。

关于旷工的规定：员工如遇以下情况，按旷工处理。

（1）员工未请假或请假未获批准擅自离开本职岗位者；

（2）事先不请假、事后补假，且无正当理由者；

（3）请假期满逾期不归且未续假者；

（4）不服从工作安排未按时到工作岗位报到者。

对旷工的处罚措施如下。

（1）旷工人员根据情况进行相应处罚；旷工日扣发全部工资；当月累计旷工3天以上，予以通报，同时扣发当月全部绩效工资。

（2）连续旷工3天或全月累计旷工5天或一年以内累计旷工15天，予以解除劳动合同。

此外，还有公出及考勤的日常管理制度、请休假制度等，都规定得很详尽。楚楚重点看了病假、事假、婚假、丧假、探亲假和年休假的规定。

关于病假的规定如下。

（1）员工因病或非因工负伤，须凭医院证明请假。准假后，医院证明随"请假申请表"一起报行政法务部备案。遇紧急情况不能及时请假者，应于3天内出具医院证明给行政法务部。

（2）员工当月休3天（含3天）以内病假，假期不扣发薪资；员工当月累计休3天以上病假，前3天不扣发薪资，其余天数扣发绩效（浮动）工资；请病假如无医院盖章的诊断证明，按事假计。

（3）病假当月累计超过15天（含15天）以上者，当月无绩效（浮动）工资。

关于事假的规定如下。

（1）员工当月累计1天以内请事假，部门负责人、分管领导可根据情况审批，不扣发薪资；员工当月累计1天以上请事假经审批后，扣发除第1天以外其余事假期间的薪资。

（2）请事假当月累计超过15天（含15天）以上者，当月无绩效（浮动）工资。

关于婚假的规定如下。

员工入职以后结婚的，可凭结婚证享受婚假，假期为3天，遇休息日和法定节假日顺延；婚假申请有效期为结婚登记一年内，不能分隔使用；婚假期间薪资全额发放。

要计算工资，便要了解计算工资的依据、标准。依据就是行政法务部的出勤记录，以及事假、病假等，算好了出勤天数，根据工资标准计算工资。

有了依据便好计算，但还有许多具体问题，首先遇到的是"五险一金"。

五险一金（见图16-1），是指用人单位给予劳动者的几种保障性待遇的合称，五险是指养老保险、医疗保险、失业保险、工伤保险和生育保险，一金是指住房公积金。

图16-1 五险一金

上班前，楚楚听闺蜜洋洋说过五险一金，但具体是什么标准，公司的规定是什么，个人要怎样缴纳，自己都不清楚，现在不仅要给员工计算工资，还涉及自己的切身利益，所以楚楚非常上心，她在网上一查，很快就查到了。

养老保险缴费比例：公司缴费比例为本公司职工工资总额的20%，个人缴费比例为本人缴费工资的8%。

医疗保险缴费比例：公司缴费比例为本公司职工工资总额的8%，个人缴费比例为本人工资收入的2%，但不同的区域，实行的缴费比例也会有差异。

失业保险缴费比例：公司的缴费比例为本公司职工工资总额的2%，个人缴费比例为本人工资收入的1%。

工伤保险缴费比例：公司每个月缴费比例为本公司职工工资总额的1%，个人不缴纳。

生育保险缴费比例：公司每个月按照职工缴费基数的0.8%缴纳生育保险费，个人不缴纳。

住房公积金缴费比例：公司可根据实际情况，选择住房公积金缴费比例。公司及个人的住房公积金缴存比例下限各为5%，上限各为12%，具体缴存比例由公司和个人自行选择。

熟悉各项规定之后，楚楚需要确定的便是依据公司的规定计算出每个员工个人缴纳的五险一金数额，然后从工资里扣除。

接下来是个人所得税的申报。财务人员将个人所得税简称为"个税"，公司要代扣代缴个税。这个就要请教王丽了，现在税务这一块由她负责。

王丽告诉楚楚："根据新修订的《中华人民共和国个人所得税法》，现在要计算个人所得税应纳税所得额，在5 000元基本减除费用扣除和'三险一金'等专项扣除外，还可享受子女教育、继续教育、大病医疗、住房贷款利息或住房租金，以及赡养老人等专项附加扣除。个人所得税专项附加扣除信息表是每个员工都要填报的，也是我们扣除个税的依据。"王丽说完，通过QQ传给楚楚一套专项附加扣除的电子表格。

楚楚打开一看，是一个大文件包，文件名称为《专项附加扣除电子模板填写常见问题》，主要分为八个部分。一是通用类，例如，在什么情况下需要填写专项附加扣除电子模板，个人需要向谁提交电子模板，个人何时向扣缴义务人提供电子模板等；二是首页的填写；三是子女教育支出的填写；四是继续教育支出的填写；五是住房贷款和利息支出的填写；六是住房租金支出的填写；七是赡养老人支出的填写；八是其他问题。

楚楚入职时间不长，还没有填写过个人所得税专项附加扣除信息表。楚楚对号入座，自己除了要填写首页，还要填写继续教育支出及住房租金支出。楚楚心想：自己填写一次，就将专项扣除的范围和标准弄清楚了。王丽告诉楚楚，今天楚楚的主要工作是计算工资，至于如何审核个人所得税专项附加扣除信息表，以后王丽还要抽时间来教楚楚。于是，楚楚将个人所得税专项附加扣除信息表填好发给王丽，继续计算员工的工资。

工资栏中有"应发工资""应扣部分""实发工资"三大部分。每部分都有明细。明细确定后，在 Excel 文档中设定计算公式：实发工资＝应发工资－应扣部分，输入数据便可自动计算。

掌握了方法，楚楚计算的速度便快了起来。计算好后，楚楚将艾会计发过来的上个月的工资表打开，逐一进行对照，每个人的差别和出入还真不大。有出入的几个人，她重点进行了复核，都能找出产生差异的原因。她将两个月的工资表都打印了出来，并在新工资表上注明了有差异的几个人，在备注栏中说明了有差异的原因，然后交给艾会计审核。

艾会计审核楚楚计算的工资表时，楚楚在一旁心里默算着自己下个月的工资，"应发工资"是多少，"应扣部分"是多少，"实发工资"可以领到多少。

楚楚正在心里默算着自己的工资时，艾会计已经对楚楚计算出来的工资进行了复核，深感欣慰，说道："小楚，没有问题了，你接着审核生产车间的工资吧。"

这又是一个新任务。前面是计算，现在是审核。楚楚现在想的就是多做事，只有多做事，才能学到更多的知识，才能积累更多的实践经验，才能增长本领。这种跃跃欲试的心态，让她充满了活力和斗志。她愉快地从艾会计手中接过生产车间的资料，开始复核。

跟前面计算工资一样，首先要熟悉情况，"知己知彼，百战不殆"。生产车间实行的是计件工资制，也就是按员工的工作业绩来计算工资。计件单上有员工的签字和车间班组长及车间主任的签字，工作量都经过确认，没有异议。计算标准也是按照公司的规定，用标准乘以工作量，就可以计算出"应发工资"。"应扣部分"是"三险一金"，以及代扣代缴的个人所得税。生产车间的工资已经计算好了，楚楚只是复核。

生产车间的统计员是小杨，小杨将生产车间的工资表送到艾会计办公室时，艾会计给她和楚楚进行了介绍，小杨比楚楚年长二十多岁。小杨把做好的电子表格在QQ上传给了艾会计。小杨工作认真负责，做事相当谨慎，每个月的工资计算好后，都要复核几次，生怕出错。交给艾会计后，艾会计每月核对，很少发现错误，但即使这样，艾会计还是一丝不苟，认真核对。楚楚接过生产车间的工资表后，艾会计又将小杨传给她的电子表格发给了楚楚，方便她核对。

楚楚很快审核完毕，生产车间的工资没有差错。交给艾会计后，楚楚心想：艾会计会不会再将销售部的工资交给我复核呢？她期待着。可艾会计并没有交给她复核，而是说："小楚，你来的时间短，对销售这一块还不熟悉，现在这一块的工资审核还不能交给你。"看楚楚有点失望，又补充道："公司对销售收入的确认是必须收到全款，然后才能计算提成工资。公司收到的银行承兑汇票，到期银行承诺兑付的，可以确认为已经到账；如果是商业承兑汇票，一定要等到期兑付后，才

能确认到账，然后才能给销售员计算提成工资。还有就是未达账项，也一定要等款到账后才能计算，而且要和财务部的账进行核对。以后我再慢慢教你。"

楚楚略有失望，不过，楚楚今天学得已经够多了，以后再慢慢学。

> 工资事关员工的切身利益，切不可有丝毫马虎。

17. 发放工资

发放工资，是每个员工翘首企盼的事情，也是财务人员必不可少的一项重要工作。

工资计算好以后，楚楚将工资表交由艾会计、钱经理、财务总监和郑总逐一审核签字，然后就要发放工资了。要发放的是上个月的工资，楚楚上个月还没入职，没有楚楚的工资。楚楚心中略有失落，但还是很兴奋。

生产车间员工的工资，因人员变动较多，流动性较大，没有选择银行代发，需要取现金支付。生产车间每月由统计员小杨统计员工的生产量，也就是计件，然后计算计件工资。工资表先由车间主任复核，然后交到财务部审核确认。确认后财务部将工资款交付小杨，由小杨发放。发放工资时，楚楚在小杨旁边监督，每个员工领到工资并在工资表上签字，这是公司财务内部控制的一项内容。

行政法务部人员的工资比较固定，由银行代发，楚楚将公司审核确认的工资表加盖公章后交给银行，银行代发工资后将回单给楚楚，楚楚用它冲减银行账户余额。

楚楚发放工资要做的准备工作有两项。一是编制银行代发工资明细表。王丽移交给楚楚的资料里面有代发工资人员的名字和银行卡号。楚楚将其打开后，逐一对照。这个月除了自己这个新入职的员工，行政法务部人员里面没有新入职的，也没有辞职的，所以无须改动。不过下个月就要变动了，要把自己的工资加上。

楚楚根据工资表上的数据，将实发工资金额填到表中，然后将银行代发明细表打印出来，逐一核对员工工资，然后核对了合计数。金额准确，才将银行代发工资明细表（见表17-1）交给艾会计审核。

表17-1　　　　　　　银行代发工资明细表

序号	银行卡号	姓名	金额（元）
1	6217866325000638401	郑××	
2	6217866325000638402	张××	
3	6217866325000638403	李××	
4	6217866325000638404	任××	
5	6217866325000638405	赵××	
……	……	……	
合计			

第二项准备工作是提取大额现金。发放生产车间员工的工资，要提前通知银行，才能提取大额现金。王丽昨天就提醒了楚楚，楚楚有银行的电话，已经先期进行了联系，所以楚楚开现金支票取现金时相当顺利。

当天取大额现金时，楚楚按王丽的提示，是请公司的保安孙队长一同前往的。回公司后，她和生产车间的统计员小杨根据工资表，逐一将每个人的实发工资分好，装到工资袋中。小杨分装，楚楚核对工资表上的金额和贴在工资袋上的金额，二是核对装进工资袋中的现金和工资袋上的金额。根据工资表取钱的总数，分装完后，一分不差。

接下来是发放工资。车间的统计员小杨一边将装有现金的工资袋交给员工，一边报着工资金额，同时说道："清点好噢，出了门我们就不负责了。"楚楚监督，大家领到工资，核对后在工资表上签字。一切进行得有条不紊。发放工资时前一位员工走，后一位员工进，生产车间的员工基本上都认识楚楚了。财务部的出纳，已经由原来的王丽换成楚楚了。领到工资的员工一个个都兴高采烈，各自计划着家庭的开支与采购事项，兴奋之情溢于言表，但却感染不了楚楚，她可是一分钱的工资也没有，她要到下个月才能领工资。

工资发放完，楚楚将员工签字的工资表带回财务部，自己在现金日记账上进行了登记，然后和支出单据整理到一起，准备下班前一起交给艾会计。

发放工资是大笔的现金支出，而在业务处理过程中，像这样大笔的现金支出情况很少，一般都是转账支付。楚楚没有请教艾会计，她在网上搜索了一下，找到了《中华人民共和国现金管理暂行条例》。

《中华人民共和国现金管理暂行条例》中第五条、第六条分别规定：

第五条　开户单位可以在下列范围内使用现金：

（一）职工工资、津贴；

（二）个人劳务报酬；

（三）根据国家规定颁发给个人的科学技术、文化艺术、体育等各种奖金；

（四）各种劳保、福利费用以及国家规定的对个人的其他支出；

（五）向个人收购农副产品和其他物资的价款；

（六）出差人员必须随身携带的差旅费；

（七）结算起点以下的零星支出；

（八）中国人民银行确定需要支付现金的其他支出。

前款结算起点定为１000元。结算起点的调整，由中国人民银行

确定，报国务院备案。

第六条　除本条例第五条第（五）、（六）项外，开户单位支付给个人的款项，超过使用现金限额的部分，应当以支票或者银行本票支付；确需全额支付现金的，经开户银行审核后，予以支付现金。

《中华人民共和国现金管理暂行条例》对现金支付的范围规定得很清楚，楚楚也终于明白了为什么绝大多数情况下，企业只能以转账的形式支付，而不能以现金的形式支付。

楚楚找出《公司管理制度汇编》，翻到了资金管理办法中关于货币资金管理部分的现金管理规定。

1. 现金的使用范围

（1）员工工资、津贴、奖金、劳保福利及按国家规定对个人的其他现金支出。

（2）个人劳务报酬。

（3）出差人员必须携带的差旅费。

（4）结算起点 1 000 元以下的零星支出。

2. 现金的管理方法

（1）库存现金应保留 3～5 天公司的正常支出，超过部分应及时送存银行，超过现金结算起点的付款应当以转账支票支付。

（2）财务人员支付现金，可从库存现金限额中支付或从银行存款中提取。不得从现金收入中直接支付，即不能"坐支"。

（3）财务人员从银行提取现金，应当填写"提现申请表"，并写明用途和金额，由财务部负责人根据库存情况批准后提取。

（4）员工因工作需要借用现金，需填写借款单，并按公司规定的审批程序进行审批，方可借用。

（5）现金应日清月结，每日终了，应将库存现金余额与现金日记账余额核对，做到账实相符，月末应与总账核对，做到账账相符。每周末、月末应由会计会同出纳对现金进行盘点，如果发现不符，应查明原因，报经审批后予以处理。

（6）出纳应根据经会计复核后的收付款记账凭证及原始凭证所开列金额收付现金，在凭证上加盖"收讫""付讫"戳记，并根据经过复核的记账凭证进行对账。

王丽、艾会计的手机短信提示她们已经收到银行代发的工资了。艾会计感慨道："会计人员整天和钱打交道，经常会受到金钱的诱惑，没有'理万金分文不沾'的道德品质和高尚情操是不行的。"说得正在那里失落的楚楚心里咯噔一下。天哪！这可是危险信号，"君子爱财，取之有道。"是自己的终归会是自己的，不是自己的，想都不应该想。

上个周末，楚楚在家里找到了《会计基础工作规范》，里面有一条是廉洁自律，落到实处，就是自律、自我要求，这是一种素质，是一种境界，也是一种内在的要求。

会计人员不要被金钱所诱惑，在金钱面前要做到头不昏、眼不花、心不乱、手不伸，筑牢拒腐防变的思想道德防线，在工作岗位上坚持原则，清白做人，干净干事。

17. 发放工资

18. 月结工作

如果出纳心存侥幸，不进行日清月结，日复一日，就会错过查错的最佳时机，时间拖得越长，就越难以回忆起错的细节，业务数据和账目累积在一起，查错的难度就会越来越大。

到了月底，艾会计安排楚楚做第一次月结。

楚楚平时的工作已经做到位了，日清做得认真仔细，即使再忙，也要完成当天的清点、登记、核对工作。每天的现金日报表都交艾会计审核，出现的错误都在第一时间进行了更正，月结自然就很顺利了。月结就是将一个月所发生的收支进行分类汇总，将现金和银行存款科目结出余额，然后统计核对，清点结算。

艾会计闲下来的时候，经常会说起她的经历，以及她在工作中所汲取的教训。艾会计说，她现在不管再累再忙，一定不让错误过夜，严格执行日清月结制度，把每天发生的错误隐患在当天解决。如果前面不怕麻烦，把工作做细致了，后面的工作自然便省心省事了。否则，一笔错账有时一查就是几个月，账都翻烂了。

楚楚也怕出错，前面曾经出过两次错误，一次是错账 9 元，另一次是错账 3 114 元，好在艾会计业务精通，不仅查出了问题，还教会了她查找错误的方法。楚楚也明白了其中的道理：差一分钱都必须查清。艾会计有句经典名言：**逢多必少，也许隐藏在多后面的少更加重要**。少了并不可怕，关键是要及时查找原因，也许并没有少，只不过是账记错了而已。所以艾会计安排楚楚做好月结工作，楚楚认真地配合艾会计，请她监督、检查。

楚楚每天结出的现金日记账余额，是根据上一天的余额加上当天的收入，再减去当天的支出计算出来的，而且也和自己保管的现金进行了核对，分文不差。

但是没将一个月的收入汇总，也没将一个月的支出汇总。要用上个月的余额加上本月所有的收入，减去本月所有的支出，再结出余额。如果这个余额也和自己每天结出的余额相符，那说明现金日记账是正确的。

楚楚先是一天一天地核对，将每天的收入、支出进行汇总，与余额核对，然后将每天的收入合计相加计算出本月的收入合计，再将每天的支出合计相加计算出本月的支出合计，最后用上月余额加上本月收入合计，减去本月支出合计，计算出本月现金余额。本月合计的余额数和本月最后一天结出的余额数相符。最后楚楚在 Excel 文档中打印了一份现金月结表（见表 18-1）。

表 18-1　　　　　　　　　　现金月结表　　　　　　　　单位：元

内容	收入	支出	余额
上月余额			
1			
2			
3			
本月合计			

复核：艾蓉　　　　　　　制表：楚楚　　　　　　日期：

现金日记账完成月结后，便是银行存款的月结了。公司在银行的基本账户是汉口银行江汉支行，但供应商和销售商不可能也都在汉口银行江汉支行开户，为了结算方便，公司在其他银行也开设了一般账户。所以银行存款的月结要稍微烦琐一点，主要是有几个账户。楚楚先从汉口银行江汉支行的基本账户开始月结。然后对其他几个银行账户进行了月结，余额核对相符后，分别将 Excel 文档中的数据进行了汇总，并打印出来，一起交到艾会计手上，请艾会计核对。

现金日记账艾会计很快核对完毕，因为有每天核对的基础，做月结的时候自然省事多了。银行存款收款时肯定是进了公司的账户，而付款时，实行的是印鉴分管制度，楚楚作为出纳，一个人是付不了款的，首先要审核，最后还要到财务部钱经理处盖章，资金的安全性是可靠的，所以艾会计没有每天核对。但每天楚楚报过来的单据艾会计都记账了，银行存款下也分设了明细科目，核对银行存款日记账，就是和明细科目进行核对。艾会计很快发现了问题。

原来楚楚将两笔资金串户了，也就是甲账户的资金，登记到了乙账户上，乙账户的资金，登记到了丙账户上。这样虽然资金总额是相符的，但明细科目却不相符。艾会计把楚楚叫过来，开始耐心地讲解。楚楚一路过关斩将，都相当顺利，原以为今天没有什么差错了，没想到还是犯了小儿科的错误，看来出纳时时刻刻都得小心谨慎。

除了串户问题，还有一个小错误，银行转过来的单据中有一笔是公司一般账户的利息收入，金额较小。虽然数额小，但也是公司的收入，应该加到银行存款中，而楚楚却漏记了。艾会计让楚楚补记进去。

艾会计将用友账上的银行存款科目下面的各个银行本月明细账的发生额及余额表分别打印了出来，让楚楚核对。楚楚很快找出了出错的几笔账，但还是不甘心，又找到了这几笔经济业务的原始凭证，逐一核对，艾会计

的判断是正确的，果然有几笔账记错了，不服气都不行啊。楚楚在银行存款日记账上进行了更正，然后在银行月结表上进行更正。楚楚一边更正一边想：这更正来更正去的，如同一个大美女，在脸上左贴了一块纱布，右贴了一块膏药，弄得账簿不美观了，以后还真不能颠三倒四。

自从上班以来，楚楚不断地在学习中实践，在实践中学习，有意识地提高自己的理论水平和实务能力，养成良好的职业习惯，提高职业判断能力，并运用自己所掌握的知识、技能和经验开展工作，履行职责。晚上和周末还在家里不停地充电，自觉地补充知识、更新知识，也将王丽、艾会计、钱经理教自己的，还有自己在工作中总结的，时时温习。现在还犯这样低级的错误，看来提高技能是个持久战，需要日积月累，不能一蹴而就。

> 根据规定，超过现金结算起点的付款应当转账支付，不得"坐支"！

19. 现金盘点

财务人员要遵守财经法律、法规和国家统一的会计制度。财务人员在处理经济业务的过程中，不要为主观或他人意志所左右，要始终坚持按照会计制度的要求来进行会计核算，实施会计监督，确保所提供的会计信息真实、完整，维护国家利益、社会公众利益、企业利益和正常的经济秩序。

做好了月结工作，接下来便是现金盘点工作。

现金盘点，就是清点保险柜里的现金，检查核对是否与账面金额相符。楚楚心里明白，这属于财务内部控制的一个范畴。

其实楚楚经历过现金盘点，只是她不知道而已。楚楚第一天上班，王丽和她办理交接手续时就进行了现金盘点，只不过那次现金盘点是以出纳交接的方式进行的。

同时，楚楚每天也都进行现金盘点，只不过没有人监督而已，每天她将一天的收支整理好后编制现金日报表，交给艾会计审核，将收支单据交给艾会计记账，楚楚将现金日报表和现金日记账上的余额进行核对，清点现金，曾发现9元的错误和3 114元的错误。只不过之前的现金盘点不是很正规，没有盘点人和监盘人的签名。

现在要做的就是将日常工作正规化，举行盘点和监盘仪式，当面清点，接受监督，有盘点人、监盘人，签字后作为一个阶段性工作的考核。

楚楚刚来，要熟悉工作、熟悉环境，事多，烦杂，要学习的东西也多，否则早就进行现金盘点了。现金盘点是日常性的工作，有时也进行临时性的突击检查。现金盘点作为财务制度的一项内容、财务内部控制制度的一项措施，出纳不要觉得这是单位领导对自己的不信任，要充分理解，同时还要积极支持和配合。

楚楚想起自己刚上班的时候爸爸妈妈的叮嘱。妈妈关心自己的日常生活，爸爸在电话里提醒她："没有规矩，不成方圆。到公司上班，就要遵守公司的规章制度，同时当出纳就要遵守相关法律法规。"后来楚楚在网上搜索，会计人员的职业道德规范里面也有坚持会计准则的内容。

正所谓"打铁还需自身硬"，自己不坚持原则，怎么去要求别人呢？楚楚早已在心中告诫自己：在工作中千万不能越雷池一步，千万不能超越底线，而当时自己心中的底线尚未明确，现在看来，底线就是坚持会计准则了。楚楚自制了现金盘点表（见表 19-1）。

表 19-1　　　　　　　　　　　现金盘点表　　　　　　　　　　单位：元

项　目	明　细		金　额
1. 账面余额			9 200.50
2. 现金余额 （9 200.50）	百元	75 张	7 500.00
	伍拾元	21 张	1 050.00
	贰拾元	17 张	340.00
	拾元	13 张	130.00
	伍元	33 张	165.00
	壹元	15 张（枚）	15.00
	伍角	1 张（枚）	0.50

盘点人：楚楚　　　　　　　　监盘人：艾蓉　　　　　　　　盘点日期：

楚楚和王丽进行工作交接时，现金移交表中还有未入账收入、未入账支出。原本现金盘点表中并没有这两项，只是王丽在进行工作交接的前一天，为了准备和楚楚交接工作，早早就做好了日清工作，没想到快下班时又发生了业务。

楚楚将现金盘点表交给艾会计审查，同时将自己已经清点好的现金也交给艾会计再次清点。艾会计先审查现金盘点表，表中的账面金额和自己的账面金额相符，每天的现金日报表其实已经核对过了，也就是日清做得很到位，楚楚的现金日记账也及时进行了记录和核对，然后是清点现金。艾会计看楚楚已经很熟练地将现金分了类，100元人民币放在一起，50元人民币放在一起，艾会计把100元、50元人民币从验钞机上过了一遍，然后再用手清点。其实艾会计对楚楚是放心的，但盘点这个环节不能省。如果监盘人都不认真，盘点人就更不认真对待了。

清点核对相符后，楚楚和艾会计分别在盘点人和监盘人上签名，盘点日期也由楚楚填上了。现金盘点表一式二份，楚楚一份，艾会计一份。艾会计将她的那份现金盘点表放到会计档案中，楚楚终于舒了一口气，现金和银行存款月结表编制完了，现金盘点也做了，看来月结任务顺利完成了。

可这时艾会计端起了茶杯，一本正经地问道："小楚，你前两次出错，都是账上出错，并没有真正的长款，也没有真正的短款。如果真的发生了长款和短款，你应该怎么办？"

这也是楚楚最担忧的。自己怕出错，可万一要是出错了呢？怎么补救？怎样更正？怎样总结？怎样汲取教训？

短款，如果查不出原因，肯定要由自己赔偿，所以一旦发现短款，必须在第一时间进行全面彻底地检查和复核，并向艾会计汇报，自己查不出来，请领导帮忙查。如果是账错了，就不存在赔偿问题。如果确实是自己的失误给公司造成了损失，自己赔偿也无话可说，只能花钱买教训。如果自己没有失误也没有被盗，肯定是能查出原因的。

长款，不能据为己有，要在第一时间全面彻底清查，只要清查彻底，肯定能找出原因，而且要及时向艾会计汇报，请艾会计协助清查。

楚楚如实向艾会计说了自己的想法。经过这段时间在工作中的学习，楚楚已经从刚开始的心中一片茫然、无从下手到现在能够基本胜任出纳的基础工作了。

> 日清月结是财务最基础的日常工作，虽然没有想像得那样简单轻松，但也并不高深莫测，关键是每天要将基础工作做好，防微杜渐。

20. 编制银行存款余额调节表

爱上会计后，你会慢慢发现它的精彩，你能从单调乏味中感受到它的乐趣。刚开始你会感觉到做会计很难，可一旦你真正对它产生了浓厚的兴趣，你便会发现，会计如此有趣！

上午做完现金盘点后，一转眼就到了吃午饭的时间。楚楚和艾会计吃过午饭，进行了短暂的午休，下午一上班，艾会计便将几个银行对账单拿出来，让楚楚编制银行存款余额调节表。

楚楚这才知道，第一次月结还没有结束，虽然已经编制了现金和银行存款月结表，也进行了现金盘点，但还没有核对银行存款余额。艾会计安排楚楚编制银行存款余额调节表，楚楚已经想到了，这是核对银行存款余额。

楚楚心想：自己经常跑银行，拿银行对账单应该是轻车熟路、小菜一碟，可艾会计还是让王丽去银行拿的。王丽现在负责银行、税务方面的外围事务，艾会计让王丽去银行拿对账单，这是财务制度的规定，如同印鉴要分管一样，所有业务不能只由出纳一个人经手，要相互牵制，防止舞弊，以保证资金的安全。

楚楚接过艾会计手中的银行对账单，开始准备银行存款余额调节表的编制。

王丽移交给楚楚的文档中有各种电子表格，也有银行存款余额调节表。楚楚只需要将其复制一下，将里面的数据清空，然后根据本月的发生额进行填写即可。

银行存款日记账，楚楚平时根据银行进账单做收入，根据支票存根做支出。公司的银行存款账户有几个，楚楚必须分开编制银行存款余额调节表（见表20-1）。

表20-1　　　　　　　　银行存款余额调节表

企业银行存款日记账余额 A	银行对账单余额 B
（1）银行已付、企业未付	（3）企业已收、银行未收
（2）银行已收、企业未收	（4）企业已付、银行未付

楚楚根据王丽制作的表格设计了公式。

银行存款余额调节表的公式为：$A-（1）+（2）=B+（3）-（4）$

楚楚先编制基本账户汉口银行江汉支行的银行存款余额调节表。首先，填写企业银行存款日记账的余额和银行对账单的余额。然后，根据银行对账单一笔笔查找差异。银行已付、企业未付的业务有一笔，银行已经按楚楚盖好章的单据代发了工资，但还未将已付的单据盖章交给企业记账。银行已收、企业未收的业务有几笔，主要是销售部门还没将银行进账单拿到财务记账。没有企业已收、银行未收的业务。企业已付、银行未付的业务有几笔，主要是企业已开具支票，对方单位还未到银行去转账或提现。

经过调节后的企业银行存款日记账的余额与经过调节后的银行对账单的余额相符。楚楚将基本账户汉口银行江汉支行的银行存款余额调节表编制好后，打印了一份，交给艾会计审核。

从月末开始计算工资、发放工资，到编制银行存款月结表、现金月结表、进行现金盘点，以及到现在编制银行存款余额调节表，这是每个月末财务的必做事项，也是整个月结过程的一部分。从前面的事项来看，楚楚已经基本能胜任出纳的基础工作了。现在就看银行存款余额调节表编制得是否正确，如果正确，月结便基本过关了。

艾会计接过楚楚编制的银行存款余额调节表。

艾会计先和企业银行存款日记账的余额核对，然后再和银行对账单的余额核对，要调整的数据是准确的，再看调整的对象，将银行对账单和企业银行存款日记账的记录逐一核对，找出一笔笔需要调整的事项，和楚楚编制的银行存款余额调节表进行核对。表中所罗列的调整事项无一遗漏地全部进行了记录，最后看调整的余额，调整后企业银行存款日记账的余额和银行对账单的余额相符。

虽然楚楚只来了一个月，财务实践工作从零基础开始，可是工作进展很快，出纳所接触的日常工作基本都经手了一遍，学得快，用得也快，最关键的是还能融会贯通，举一反三。

艾会计曾经问过很多年轻人，为什么从事会计工作或学习会计，她们大多回答，为了找工作，方便就业。再被问及是否喜欢这项工作时，有很多人摇着头苦笑着说："这样单调枯燥的工作，整天和数字打交道，索然无味，还谈什么喜欢？要不是为了生存，怎么也不会选择这个专业。"

这种思想和观念具有普遍性。试想，一个人对自己所从事的职业心生厌倦，能在她所从事的行业有所成就吗？如果抱有这种思想，不可能成为这个行业的佼佼者。

艾会计最初并没有爱上会计，但既然选择了它，那么就尽心竭力做好吧。长期接触会计工作后，艾会计慢慢发现了它的精彩，她将会计知识与日常生活联系起来，发现会计竟趣味无穷！

艾会计肯定了楚楚编制的银行存款余额调节表，她又问道："小楚，你来工作也有一段时间了，感觉怎么样？喜欢这项工作吗？"

得到艾会计的肯定，楚楚心花怒放。其他几个银行存款账户的银行存款余额调节表便可以照葫芦画瓢了。也就是说，自己的月结工作基本过关了，现金盘点也做了，银行存款余额调节表也编制了，一整套的流程都走完了。这时候听艾会计问她对会计工作的感受，一刹那，还真有点酸甜苦辣一起涌上心头的感觉。

说起对会计工作的感受，还真是一言难尽。楚楚性格比较内向，跟陌生人说话会脸红，不像闺蜜洋洋性格开朗，大大咧咧。从骨子里说，刚开始因为自己学的是财务专业，不从事会计工作，还能做什么呢？也有一种被逼无奈的感觉。但工作了一段时间后，自己确实还有点喜欢上了会计工作。虽然自己现在是从最简单的出纳做起，但也学了不少的知识，明白了许多道理。

楚楚坦诚地跟艾会计汇报，自己这段时间学到了不少知识，感觉会计这项工作并不像想象得那样难，但也并不简单，总之需要认真细致，有苦也有乐。

艾会计充满自信地说："你会爱上会计工作的，只不过有个过程。爱岗才能敬业。小楚，这四四方方的会计园田，需要我们辛勤地耕耘，这里照样有旱灾，有虫灾，这里也需要经常除草和施肥，也需要播种和收割，不敬业是坚持不下来的，更不能在会计园田里收获丰登的五谷。路遥知马力，时间久了，你便能体会到了。"

每月编制的银行存款余额调节表，是内部控制与监督的一个重要环节，必不可少。

21. 生活财务

财务知识与我们日常生活联系紧密，如坐支、小金库、专项资金等，要活学活用、触类旁通。

这一天，既是月底，又是周末，楚楚和闺蜜洋洋都休息。楚楚不仅管着公司的钱，还管着一个铺面的钱。这个铺面是楚楚和洋洋还没工作时租下来的，现在有一个业务员在打点。

铺面的收支是两条线：收入上交，需要用钱时再申请。闺蜜洋洋入职在楚楚之前，她未入职时，对铺面还比较上心，入职后，基本就不管铺面的事了。楚楚未入职时，自然可以一心一意管理铺面，现在她也入职了，也没有那么多精力来管理了，只有周末、月末才来盘点存货、核对账目，长此以往，分心劳神，看来是要找个机会将铺面早点转让出去了。

楚楚管理铺面的原则：绝对不能坐支。坐支这个专业术语楚楚还是从艾会计那里学来的，意思是直接从本单位的收入中支付现金。财务制度不允许坐支，特殊情况需要坐支的，应事先报经有关部门审查批准，并在核定的范围和限额内进行，同时，收支的现金必须入账。

铺面里的业务员不懂什么是坐支，楚楚以前也不懂，可实质上实行的就是不能坐支的规定，也就是业务员卖货收了款，不能直接开支，必须是先上交给楚楚，然后再申请开支费用。

还没等楚楚跟洋洋提转让铺面的事，洋洋倒跟她商量起扩大铺面经营的事了。

洋洋所在公司的老板很欣赏她，她到公司上班虽然只有半年时间，但人品好，肯学又上进，性格开朗，人缘好。公司想开一家分店，让洋洋负责。公司给她铺货，但需要她自己去租铺面、装修、招聘员工。这是大事，需要和楚楚商量，而且钱掌握在楚楚手中，没有她的支持肯定不行。

楚楚这就用得上财务知识了。楚楚做了一个投资预算，按新铺面大小来算，租金一年多少钱，简单装修需要多少钱，招聘两个人，工资需要多少钱，日常水电费等项开支费用需要多少钱，预计每月能销售多少，成本多少，利润有多少，税费需要缴纳多少，投资需要多长时间能收回来。

经过计算还是划算的，这也是一个难得的机会，关键是有洋洋所在公司的支持，能够给她铺货。楚楚已经在心里支持洋洋了，现在主要是资金的问题。第一个月要租铺面、装修、招聘员工、做准备工作，开业后预计前两个月只能保本，也就是市场培育期。要留出两个人的生活费，除了铺面积攒下来的钱，还有几万元的缺口。楚楚和洋洋一人一半来填补这个缺口。楚楚算账很快，这个合伙小铺面的内当家都当不好，怎么当公司那个大家的内当家？

洋洋没想到楚楚这么快就表态了，而且说做就做，此时，洋洋对楚楚刮目相看，看来学财务还是大有用处的。生活之中，处处都离不开财务知识。

楚楚把铺面积攒下来的钱用手机转账给了洋洋，又和她一块去签租赁合同，找装修

人员准备装修，楚楚主动将要办工商营业执照的事情揽了下来。洋洋心花怒放，干劲十足。

接下来的资金缺口是一人填补一半。其实楚楚即使承担一半资金缺口，还有存款。这倒不是楚楚小气，这是原则问题。楚楚认为，虽是合伙小生意，但也要有原则。如果洋洋不出钱，就不是股东，她就不会上心，就不会将铺面当成她自己的。

楚楚心想：我平时积攒的零花钱在关键时候派上了用场，这可不是"小金库"。"小金库"这个专业术语，楚楚也是从艾会计那里学来的，是指不在本单位财务部门列收支且私自在单位库存之外保存的现金和银行存款。"小金库"一般和"账外账"紧密相联，"账外账"是指将单位一部分收入没有纳入财务统一管理，而是在单位核算账簿之外另设一套来记录财务统管之外的收入。

记得艾会计一脸严肃地说："设置'小金库'和'账外账'，属于侵占、截留和隐瞒国家和单位收入的违法行为，危害极大，必须坚决杜绝。"

"凡事预则立，不预则废。"学财务的人不做好预算怎么行？成功总是留给有准备的人。楚楚晚上躺在床上，辗转反侧，看来学会计，不仅要在工作中学，还要在生活中学，时时学，处处学。对了，洋洋请的两个人，工作要做分工：让他们一个记账，一个收款，互相核对，最后洋洋审钱，我核账，账款相符就说明没有出入。这就是管账的不管钱，管钱的不管账，管审批的不管钱也不管账。

这时，楚楚又想起艾会计昨天说的话："你会爱上会计工作的，只不过有个过程。只有爱岗，才会敬业。"现在看来，自己倒真的有点爱上会计工作了。

只要你是有心人，
生活处处皆财务。

22. 申报系统

一开二收三申报。一开，即本单位开具增值税发票；二收，即本单位收到增值税发票；三申报，即本单位申报缴纳税费。

楚楚上班第一天，钱经理就给楚楚和王丽分了工，看来财务是大岗位工作制，既有分工又有合作。楚楚现在从事的是出纳岗位（一）的工作，王丽从事的是出纳岗位（二）的工作。楚楚的工作以对内为主，而王丽的工作以对外为主。楚楚和王丽在一个办公室，楚楚和王丽的工作有交集。王丽负责和税务、银行对接的工作，这些对于楚楚这个新手来说，还是新业务。

其实楚楚不急着学，王丽都急着教。因为王丽已怀孕好几个月了，她想早点教会楚楚，自己好顺利休产假。

这天，楚楚上班比较清闲，没有人来报销，也没有销售人员来交款。王丽见缝插针，对楚楚说："楚楚，我们今天学习一下如何办理税务方面的业务，可以吗？"

"好的。"楚楚愉快地回答道。

王丽拿出钱经理给她的岗位职责，只见上面第一条写着：每月增值税专用发票抵扣联的收集、登记与认证。王丽说："我们就从第一条开始学习。"

首先，是税法的学习，增值税最重要的法律是 1993 年 12 月 13

日中华人民共和国国务院令第134号公布实施的《中华人民共和国增值税暂行条例》，从发布之后，历经多次修订。目前增值税一般纳税人按行业区分的税率分别是13%、9%、6%。小规模纳税人的税率是3%。楚楚所在的公司是一般纳税人，是从事货物生产及销售的，税率为13%。

这一块楚楚在业务中经常遇到，税务局也组织了培训，还根据2019年税率调整后纳税人的提问，有针对性地组织编写了《深化增值税改革100问》，所以王丽的讲解，楚楚听得很明白。

其次，是每月要完成的税务事项。每月月初，一般都要做以下工作：一开二收三申报。

一开。即本单位开具增值税发票，是每次发生业务时，就已经开具了的，而且开具增值税发票的事项是由楚楚完成的。公司缴税时，首先要汇总已经开具的增值税专用发票中的销项税额。这个艾会计已经记账，直接在账上便可以查到。同时，增值税发票税控开票软件（金税盘版）可以查看到本月销项税额，账面金额、税控器里的金额、汇总单张发票的税额要一致。

二收。这项工作是王丽平时做的，公司财务规定，无论是哪个部门的员工，取得增值税专用发票的抵扣联后，都要第一时间到财务部进行登记，将抵扣联交给王丽，由王丽统一进行抵扣认证。如果是不能抵扣的，还要做进项税额转出。下月初，根据上月抵扣认证的情况，汇总确定进项税额。这时，王丽重点给楚楚讲解了增值税专用发票抵扣联的认证过程：插入税控盘，登录"湖北省电子税务局"平台进行发票认证，单击"我要办税"，输入密码，在左边"发票选择确认平台"单击"发票勾选"，界面弹出"是否已申报"，单击"未申报"，输入需要认证的发票号码，在"确认勾选"下面单击"查询"，查询到所要认证的发票再单击"确认"，在选项中单击"未完成申报"，将税额与用友账面上的税额相核对，然后单击"本月未申报，确认申报"，单击"提交"。发票认证完毕后，打印"汇总单"和"明细清单"，提交给艾会计。这是税务系统的认证过程。王丽强调：这是重点。楚楚在王丽身边认真地学习。

王丽单击"打印"，直接将上月认证后的"发票确认汇总"和"发票清单"打印出来。

接下来是账务系统的对应处理过程。进入用友账套中的明细账，选取月份，在"负债"科目中的"应交税费——待认证的进项税"中，包含未记账的凭证，将要认证的发票逐笔核对。

最后，王丽自制了一个明细表，在计算机的"E盘"中有一个增值税明细表，表中对每张发票都进行了登记，认证完后，在发票的备注栏目标记"×月已认证"。

三申报。增值税是需要申报的重要内容。插入税控盘，进入"湖北省电子税务局"平台，按提示步骤顺序来报税。王丽跟楚楚说："这一块，你大致熟悉一下，增值税的具体申报程序，我们后面详细讲解。"

楚楚跟着王丽看得眼花缭乱，要看要记的知识点太多了，好在王丽总结了增值税业务整个处理流程：一开二收三申报，原理很简单。

接着王丽又给楚楚介绍了增值税一般纳税人的认定、怎样向税务机关申领增值税发票等基础知识，许多知识楚楚在 2019 年税务局举办的增值税深化改革培训会上学习过，只是没有接触到实务。现在王丽对照实务逐一讲解，楚楚很快有了感性认识。

缴纳税费是增值税最主要的内容，公司每月需要报税缴纳的还有代扣代缴的个人所得税、已经按季预缴的企业所得税等。报税缴纳程序基本一样，插入税控盘后，按操作提示步骤逐一办理。最关键是在办理过程中，要和公司的财务账面金额相核对，要和发票金额相核对，要和个人所得的实际情况相核对。流程是已经设计好的，操作起来很方便，最主要是要结合公司的实际业务。王丽向楚楚传授自己的心得。楚楚听了王丽的总结，心想：这才是实践出真知。

公司除了缴纳税费，还要缴纳"五险一金"，也需要在报税系统里面申报缴纳。王丽告诉楚楚，税务系统只负责申报及扣缴社保费用，具体核定社保费用是在社保专门的网站。插入税控盘，登录"湖北省电子税务局"平台，搜索"社保费"，单击"社保费申报表"，会弹出缴纳社保费的五张表，分别是企业职工基本养老保险费、基本医疗保险费（单位缴纳）、失业保险（单位缴纳）、生育保险、工伤保险，每项金额和报表相核对，申报时一项一项添加，时间选择"当期"，申报完成后，每项点击"缴款"，输入密码后，会显示"缴款成功"，返回首页，搜索"打印税收完税证明开具"，时间选"当期"，便可打印出当期缴纳社保费的电子税收完税证明。

申报先选项，数据要核准。
提示按操作，申报完打印。

楚楚升职记 —— 出纳篇

130

23. 个人所得税

个人所得税是主体税种，由公司代扣代缴。

上次楚楚在艾会计的指导下，计算工资时计算了个人所得税，但那几天，又是计算工资，又是发放工资，楚楚忙得不可开交，没有多余时间来详细学习个人所得税方面的知识。今天一上班，王丽就告诉楚楚，今天专门学习个人所得税方面的相关实务操作。

王丽首先说明，个人所得税所包含的内容很多很广，目前公司财务所涉及的只是工资薪金方面的代扣代缴实务，所以今天只学习这一方面的实务操作。

税务机关提倡诚信纳税，以每个人诚信申报为基础。个人如果没有如实申报，虚假隐瞒，公司则无从知晓，因此也不会承担相应的法律责任。公司要根据员工提供的资料，每月进行代扣代缴。

个人所得税法有关规定如下：**居民个人的综合所得，以每一纳税年度的收入额减除费用6万元以及专项扣除、专项附加扣除和依法确定的其他扣除后的余额，为应纳税所得额。**这是公司代扣代缴个人所得税的依据。取得工资薪金所得的个人，在填写专项附加扣除电子模板后，要及时提交给扣缴义务人，由其在办理工资薪金所得个人所得税扣缴时，依据纳税人提供的专项附加扣除信息办理税前扣除。

王丽告诉楚楚，个人所得税从 2019 年 1 月 1 日起，实行累计预扣预缴的计算方法，这种方法是指扣缴义务人，即单位在一个纳税年度内，以截至当前月份累计支付的工资薪金所得收入额减除累计基本减除费用、累计专项扣除、累计专项附加扣除和依法确定的累计其他扣除后的余额为预缴应纳税所得额，对照综合所得税税率表，计算出累计预扣预缴税额，减除已预扣预缴税额后的余额，作为本期应预扣预缴税额。楚楚以自己为实例，边学习，边填表。

> 不是"五险一金"吗？为什么申报个人所得税计算应纳税所得额时扣除的是"三险一金"？

> 这里是"三险一金"，因为其中的两险，工伤保险和生育保险，只需要单位缴纳，不需要个人缴纳，所以个人的工资薪金，是没有扣除这两项保险的。在申报个人所得税计算应纳税所得额时，扣除的就只有"三险一金"了。

第一页是填写说明，如表 23-1 所示。

表 23-1　　　　　　　　　　　填写说明

序　号	说　明　内　容
1	模板适用范围。本模板适用于个人在扣除年度内，填写并向扣缴义务人（支付工资薪金的单位）提供符合税法规定的子女教育、继续教育、住房贷款利息或住房租金、赡养老人专项附加扣除信息，在工资薪金所得预扣预缴时进行税前扣除
2	专项附加扣除报送方式。个人可将采集的信息提供给扣缴义务人，在扣缴个人所得税时，进行专项附加扣除；也可在年终汇算清缴自行申报时，自行办理专项附加扣除
3	不涉及专项附加扣除的个人，无须填写本模板
4	请勿修改模板已有的内容，包括底部标签页的名称；请勿手动修改或填写背景色为灰色的单元格
5	填写模板时，请关注模板每页的顶部说明和单元框的提示说明
6	信息采集失败的处理。如因填写不规范，可能导致扣缴义务人信息采集失败，影响个人享受专项附加扣除。如遇到扣缴义务人未及时为个人办理专项附加扣除的情况，可与扣缴义务人核实确认
7	信息变化的处理。个人填写的专项附加扣除信息发生变化的，应及时变更相关信息项，并重新提供给扣缴义务人

接下来的首页，登记的是个人的基本信息，如表23-2所示。

表23-2　　　　　　　　　　　首页

*扣除年度	2020年	*纳税人姓名	楚楚
*纳税人身份证件类型	身份证	*纳税人身份证件号码	
*手机号码		纳税人识别号	
联系地址		电子邮箱	
扣缴义务人名称（支付工资薪金的单位）		扣缴义务人纳税人识别号（统一社会信用代码）	
*配偶情况		*配偶姓名	
*配偶身份类型		*配偶身份证件号码	
本人承诺：我已仔细阅读填写说明，并根据《中华人民共和国个人所得税法》及其实施条例、《个人所得税专项附加扣除暂行办法》、《个人所得税专项附加扣除操作办法（试行）》等相关法律法规规定填写。本人已就所填扣除信息进行了核实，并对所填内容的真实性、准确性、完整性负责。 　　　　　　　　　　　　　　　　纳税人签字：楚楚　　　年　月　日			
扣缴义务人签章： 经办人签字： 接收日期：　　年 月 日	代理机构签章： 代理机构统一社会信用代码： 代理机构（人）经办人： 经办人身份证件号码：		受理人： 受理税务机关（章）： 受理日期：　　年 月 日

基本信息好填，楚楚如实地填写了个人的情况，并在纳税人签字处签上了自己的名字。

第三页，子女教育支出，如表23-3所示。

表23-3　　　　　专项附加扣除信息采集表——子女教育支出

政策适用条件：

1.有子女符合以下两个条件之一：（1）扣除年度有子女满3岁且处于小学入学前阶段；（2）扣除年度有子女正接受全日制学历教育。

2.同一子女的父亲和母亲扣除比例合计不超过100%。不符合上述条件者请勿填写本页，否则可能导致政策适用错误，影响个人纳税信用甚至违反税收法律。

序号	*子女姓名	*身份证件类型	*身份证件号码	*出生日期	*国籍（地区）	*当前受教育阶段	*当前受教育阶段起始时间	当前受教育阶段结束时间	教育终止时间	*当前就读国家（地区）	*当前就读学校	*本人扣除比例
1												

续表

序号	*子女姓名	*身份证件类型	*身份证件号码	*出生日期	*国籍（地区）	*当前受教育阶段	*当前受教育阶段起始时间	当前受教育阶段结束时间	教育终止时间	*当前就读国家（地区）	*当前就读学校	*本人扣除比例
2												
3												
4												
5												
6												
7												

子女教育支出，楚楚没有需要填写的。但她知晓了这一政策，未来如果自己成家后，有了子女，是可以享受这一政策的。

第四页，住房租金支出，如表23-4所示。

表23-4　　　　　专项附加扣除信息采集表——住房租金支出

政策适用条件：
1. 本人及配偶在主要工作城市无自有住房；
2. 本人及配偶扣除年度未扣除住房贷款利息支出；
3. 本人及配偶主要工作城市相同的，该扣除年度配偶未享受过住房租金支出扣除。
不符合上述条件者请勿填写本页，否则可能导致政策适用错误，影响个人纳税信用甚至违反税收法律。
已填写住房贷款利息支出信息的请勿填写本页，否则可能导致信息导入失败，无法享受政策。

序号	*主要省份	*主要工作城市	出租方信息				住房坐落地址	租赁信息		
			*类型	*出租方姓名（组织名称）	出租方证件类型	*身份证件号码（统一社会信用代码）		*住房租赁合同编号	*租赁期起	*租赁期止
1										
2										
3										
4										

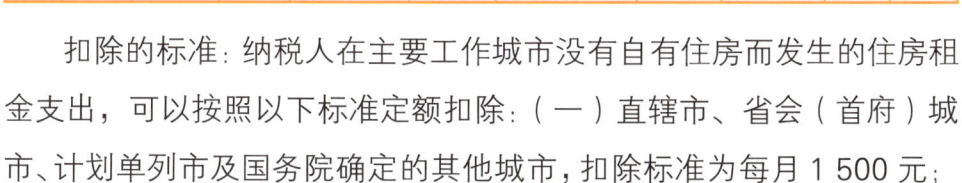

扣除的标准：纳税人在主要工作城市没有自有住房而发生的住房租金支出，可以按照以下标准定额扣除：（一）直辖市、省会（首府）城市、计划单列市及国务院确定的其他城市，扣除标准为每月1 500元；

（二）除第一项所列城市外，市辖区户籍人口超过100万人的城市，扣除标准为每月1 100元；市辖区户籍人口不超过100万人的城市，扣除标准为每月800元。楚楚在省会城市，按扣除标准1 500元/月填报。

第五页，住房贷款利息支出，如表23-5所示。

表23-5　　　　　专项附加扣除信息采集表——住房贷款利息支出

政策适用条件：
1. 本人或者配偶购买的中国境内住房；
2. 属于首套住房贷款（可咨询贷款银行），且扣除年度仍在还贷；
3. 住房租金支出和住房贷款利息支出未同时扣除。
不符合上述条件者请勿填写本页，否则可能导致政策适用错误，影响个人纳税信用甚至违反税收法律。
已填写住房租金支出信息的请勿填写本页，否则可能导致信息导入失败，无法享受政策。

*房屋坐落地址					
*本人是否为借款人		*房屋证书类型		*房屋证书号码	是否婚前各自首套贷款，且婚后分别扣除50%
序号	*贷款类型	贷款银行	*贷款合同编号	*首次还款日期	*贷款期限（月数）
1					
2					

住房贷款利息支出，楚楚没有需要填写的。税法规定：纳税人本人或者配偶单独或者共同使用商业银行或者住房公积金个人住房贷款为本人或者其配偶购买中国境内住房，发生的首套住房贷款利息支出，在实际发生贷款利息的年度，按照每月1 000元的标准定额扣除，扣除期限最长不超过240个月。纳税人只能享受一次首套住房贷款的利息扣除。

表23-4和表23-5紧密相联，只能扣除一项。不能既扣房租，又扣房贷。楚楚目前尚未购房，属于租房一族，自然属于表23-4所示的类型了。

第六页，赡养老人支出，如表23-6所示。

表 23-6　　　　　专项附加扣除信息采集表——赡养老人支出

政策适用条件：
1. 扣除年度有一位被赡养人年满60（含）岁（被赡养人包括：①父母；②子女均已去世的祖父母或外祖父母）；
2. 纳税人为非独生子女，且属于赡养人约定分摊的或被赡养人指定分摊的，需已经签订书面分摊协议。
不符合上述条件者请勿填写本页，否则可能导致政策适用错误，影响个人纳税信用甚至违反税收法律。

*是否独生子女			分摊方式		*本年度月扣除金额		
被赡养人信息							
序号	*姓名	*身份证件类型	*身份证件号码	*国籍（地区）	*关系	*出生日期	
1							
2							
3							
4							
共同赡养人信息							
序号	姓名	身份证件类型	身份证件号码	国籍（地区）	—	—	
1					—	—	
2					—	—	
3					—	—	
4					—	—	

关于赡养老人可以抵扣的政策如下：纳税人赡养一位及以上被赡养人的赡养支出，统一按照以下标准定额扣除。

（一）纳税人为独生子女的，按照每月2 000元的标准定额扣除；

（二）纳税人为非独生子女的，由其与兄弟姐妹分摊每月2 000元的扣除额度，每人分摊的额度不能超过每月1 000元。可以由赡养人均摊或者约定分摊，也可以由被赡养人指定分摊。约定或者指定分摊的须签订书面分摊协议，指定分摊优先于约定分摊。具体分摊方式和额度在一个纳税年度内不能变更。

政策所称被赡养人是指年满60岁的父母，以及子女均已去世的年满60岁的祖父母、外祖父母。

楚楚的父母年龄未满60岁，这一项无须填报。

第七页，继续教育支出，如表23-7所示。

表 23-7　　　　专项附加扣除信息采集表——继续教育支出

学历（学位）继续教育政策适用条件：扣除年度内在中国境内接受学历（学位）继续教育。
职业资格继续教育政策适用条件：扣除年度取得职业资格或者专业技术人员职业资格相关证书。
不符合上述条件者请勿填写本页，否则可能导致政策适用错误，影响个人纳税信用甚至违反税收法律。

学历（学位）继续教育				
序号	*当前继续教育起始时间	*（预计）当前继续教育结束时间	*教育阶段	—
1				—
2				—
3				—
4				—

职业资格继续教育				
序号	*继续教育类型	*发证（批准）日期	*证书名称	*证书编号	*发证机关
1					
2					
3					
4					

　　关于继续教育的抵扣政策，税法规定：纳税人在中国境内接受学历（学位）继续教育的支出，在学历（学位）教育期间按照每月 400 元定额扣除。同一学历（学位）继续教育的扣除期限不能超过 48 个月。纳税人接受技能人员职业资格继续教育、专业技术人员职业资格继续教育的支出，在取得相关证书的当年，按照 3 600 元定额扣除。

　　这项楚楚是有的，楚楚正在报考初级会计师资格的考试，不过，根据政策，要等通过考试，取得证书才能扣除。信息可以先填报。

　　最后，王丽告诉楚楚，还有一项是可以扣除的，但税务局给的电子模板里面没有。这就是"大病医疗"的扣除政策。政策是这样规定的：在一个纳税年度内，纳税人发生的与基本医保相关的医药费用支出，扣除医保报销后个人负担（指医保目录范围内的自付部分）累计超过 15 000 元的部分，由纳税人在办理年度汇算清缴时，在 80 000 元限额内据实扣除。

也就是说，这个抵扣项目，没有每个月的抵扣，即使发生了，也是在汇算清缴时进行申报扣除的。

最后楚楚归纳了一下个人所得税（工资薪金）应纳税所得额的计算公式，个人所得税预扣预缴应纳税额=（累计工资薪金－累计三险一金－累计扣除费率（5 000元/月 × 月数）－累计专项扣除）× 综合税率－已预扣预缴税额。当然，每个员工的情况千差万别，自然每个员工的个人所得税专项附加扣除信息表也不一样，每个员工的预扣预缴应纳税所得额的计算也不一样。因此,公司报税人员不但工作量大，而且责任重大。

> 个人所得税，情况千差万别。以个人诚信申报为主，公司只是代扣代缴。

24. 纳税申报

纳税申报是公司按照相关税法的规定，向税务机关提交纳税事项书面报告的行为，是履行纳税义务、承担法律责任的主要依据。

今天一上班，王丽便告诉楚楚，准备和她一起做上个月的纳税申报。楚楚知道，上次虽然学习了申报系统的使用，但还没有进行实际操作，这又是一项新业务。

第一步，了解相关的税务设备及纳税系统。王丽找出了税务机关的一张《增值税税控系统安装使用告知书》，递给楚楚。增值税税控系统安装使用告知书内容如下。

增值税税控系统安装使用告知书

纳税人名称：

纳税人识别号：

你单位已具备增值税税控系统使用资格，可选择增值税税控系统服务单位：_____或_____，自愿选派人员参加免费的增值税税控系统操作培训。

增值税税控系统所需专用设备包括金税盘、税控盘及特定纳税人使用的报税盘，须凭此使用告知书向增值税税控系统服务单位购买。依据《国家发展改革委关于完善增值税税控系统收费政策的通知》（发改价格〔2012〕2155号）规定：金税盘每个490元，税控盘每个490元，报税盘每个230元，技术维护费每户每年每套280元。购买增值税税控系统专用设备（包括分开票机）支付的费用和每年缴纳的技术维护费可依据《财政部 国家税务总局关于增值税税控系统专用设备和技术维护费用抵减增值税税额有关政策的通知》（财税〔2012〕15号）的规定在增值税应纳税额中全额抵减。

增值税税控系统所需通用设备（台式计算机或笔记本电脑、打印机）由纳税人自行选择购买。任何单位和个人不得借税务机关名义，或以专用设备兼容性等任何借口向纳税人强行销售通用设备、软件或其他商品。

请你单位与增值税税控系统服务单位签署《增值税税控系统技术服务协议》，并监督其按服务承诺提供技术维护服务。

下面留了两个举报电话，分别是主管税务机关受理投诉举报电话和省级税务机关受理投诉举报电话。此外，还有一个税控系统技术服务企业的全国服务监督电话。

王丽告诉楚楚，公司的税务设备包括金税盘和票据打印机。税控系统每月要进行抄报及清卡工作。一般纳税人在征期内进行申报，申报流程如下。

1. 抄报税：纳税人在征期内登录开票软件抄税，并通过网上抄报或办税厅抄报，向税务机关上传上月开票数据。

2. 纳税申报：登录"国家税务总局××市电子税务局"平台进行网上申报，网上申报成功并通过税联网实时扣缴税款。

3. 清卡或反写：申报成功后，纳税人需要再次登录税控系统进行清卡或反写。提醒大家要及时查询截止日期，确认是否成功。

根据公司的业务，公司的主税是增值税、所得税；跟增值税有关的是城市维护建设税、教育附加等；其他小税种还有车船税、印花税、房产税等；代扣代缴的主要是个人所得税。

埋头拉车，需要抬头看路。有了大方向，就好对照标准，逐一操作了。

第二步，纳税申报税额的确定。首先是确定本期应交增值税。

1. 根据销售额计提增值税销项税额。其实根本不需要计提，只要开完发票，税控系统里就会及时做出统计，可以单击报税模块，再单击月度统计就可以查询增项税普通发票和增值税专用发票的开票金额和实际的销项税额了。

2. 确定可以抵扣的进项税额。王丽拿出增值税抵扣联签收表，如表24-1所示。这个签收表楚楚见得多了，有时王丽不在，公司同事增值税的抵扣联就交给楚楚登记，王丽的计算机里面还有一个电子表格，也是对增值税进项税额进行统计。

表24-1　　　　　　　　增值税抵扣联签收表

日期	摘要	开票单位	发票号码	金额	税率，税额	经办人	签收人	备注
3.9	住宿费	汉口酒店		600元	6%，33.96元	杨华	王丽	3月已认证
3.10	购买原材料	江南公司		50 000元	13%，5 752.21元	张强	王丽	3月已认证

表24-1登记的是3月9日司机杨华和郑总出差取得的住宿费的发票号码和金额。根据增值税的相关规定，公司取得的住宿费增值税专用发票的进项税额是可以抵扣的，这张发票的抵扣联上的进项税额为33.96元。大额的是购买原材料增值税专用发票的进项税额，比如，采购部3月10日张强登记的这张税票，抵扣联上的进项税额为5 752.21元。

与增值税抵扣联签收表密切相关的，是一沓原始的增值税专用发票的抵扣联。王丽已经按月进行了装订整理。本月的抵扣联，厚厚的一沓，她只收集了，还没有装订。

并不是所有取得的增值税专用发票的进项税额抵扣联都能抵扣，还有很多不能抵扣的情况，如用于集体福利或者个人消费的购进货物、加工修理修配劳务、服务、无形资产和不动产等。办税人员应先在税务系统进项专票抵扣认证，之后申报增值税时，对不能抵扣的进项税做进项税额转出申报。

然后，还要和会计的账面金额相核对（税务系统里的期末留抵税额与账面留抵税额是否一致）。

例如，关于纳税人购进国内旅客运输服务，其进项税额允许从销项税额中抵扣。这个就要和会计的账面金额相核对。

纳税人未取得增值税专用发票的，暂按照以下规定确定进项税额：

A. 取得增值税电子普通发票的，为发票上注明的税额；

B. 取得注明旅客身份信息的航空运输电子客票行程单的，按照下列公式计算进项税额：航空旅客运输进项税额 =（票价 + 燃油附加费）÷（1+9%）×9%；

C. 取得注明旅客身份信息的铁路车票的，按照下列公式计算进项税额：铁路旅客运输进项税额 = 票面金额 ÷（1+9%）×9%；

D. 取得注明旅客身份信息的公路、水路等其他客票的，按照下列公式计算进项税额：公路、水路等其他旅客运输进项税额 = 票面金额 ÷（1+3%）×3%。

3. 确定本期应缴纳的增值税税额。本期应缴纳的增值税税额 = 本期增值税销项税额 − 本期增值税进项税额。公式简单，但操作起来很复杂，里面包含许多具体情况，要进行具体分析。

税款缴纳，一定要注意纳税申报期限，企业税务人员一定要牢记本企业所在地税务机关要求的纳税期限，不要因为延期纳税而受到处罚；即使当期没有应交税金，也应该进行零申报。

根据税务部门的规定，公司应当在每月 1～15 日申报纳税（遇最后一天为节假日的可顺延）。王丽特别强调，不管多忙，这件事也不能耽搁。她特别说明了有些小公司，对申报纳税不重视，认为没有要缴纳的税额，便未申报，结果导致连续多期未申报纳税，在税务系统里面成了异常户，对公司的纳税信用评级造成了不利的影响。

增值税纳税申报表（一般纳税人适用）如表 24-2 所示。

表 24-2

增值税纳税申报表
（一般纳税人适用）

根据国家税收法律法规及增值税相关规定制定本表。纳税人不论有无销售额，均应按税务机关核定的纳税期限填写本表，并向当地税务机关申报。

税款所属时期：××××年××月××日至××××年××月××日

纳税人识别号： 金额单位：元（列至角分）

纳税人名称（公章）： 填表日期：

纳税人识别号		所属行业		登记注册类型	
纳税人名称				法定代表人姓名	
生产经营地址				电话号码	

项目		栏次	一般项目		即征即退项目	
			本月数	本年累计	本月数	本年累计
销售额	（一）按适用税率计税销售额	1				
	其中：应税货物销售额	2				
	应税劳务销售额	3				
	纳税检查调整的销售额	4				
	（二）按简易办法计税销售额	5				
	其中：纳税检查调整的销售额	6				
	（三）免、抵、退办法出口销售额	7				
	（四）免税销售额	8				
	其中：免税货物销售额	9				
	免税劳务销售额	10				
税款计算	销项税额	11				
	进项税额	12				
	上期留抵税额	13				
	进项税额转出	14				
	免、抵、退应退税额	15				
	按适用税率计算的纳税检查应补缴税额	16				

续表

税款计算	应抵扣税额合计（12+13-14-15+16）	17		
	实际扣税额（如17<11，则为17，否则为11）	18		
	应纳税额（19=11-18）	19		
	期末留抵税额（20=17-18）	20		
	按简易计税办法计算的应纳税额	21		
	按简易计税办法计算的纳税检查应补缴税额	22		
	应纳税额减征额	23		
	应纳税额合计（24=19+21-23）	24		
税款缴纳	期初未缴税额（多缴为负数）	25		
	实收出口开具专用缴款书退税额	26		
	本期已缴税额（27=28+29+30+31）	27		
	①分次预缴税额	28		
	②出口开具专用缴款书预缴税额	29		
	③本期缴纳上期应纳税额	30		
	④本期缴纳欠缴税额	31		
	期末未缴税额（多缴为负数）（32=24+25+26-27）	32		
	其中：欠缴税额（≥0）（33=25+26-27）	33		
	本期应补（退）税额（34=24-28-29）	34		
	即征即退实际退税额	35		
	期初未缴查补税额	36		
	本期入库查补税额	37		
	期末未缴查补税额（38=16+22+36-37）	38		
授权申明	如果你已委托代理申报，请填写下列资料：为代理一切税务事宜，现授权_____（地址）_____为本纳税人的代理申报人，任何与本申报表有关的往来文件，都可寄与此人。 授权人签字：		申报人申明	本纳税申报表是根据国家税收法律法规及相关规定填报的，我确信它是真实的，可靠的，完整的。 声明人签字：

这张表其实不用填，是填写了后面的表格之后，自动生成的，所以先填表24-3。表24-3根据公司的实际情况，如实填写即可。

表24-3

增值税纳税申报表附列资料（一）
（本期销售情况明细）

税款所属时期：　　　　　　至

纳税人识别号：
纳税人名称（公章）：　　　　　　金额单位：元（列至角分）　　填表日期：

项目及栏次		开具增值税专用发票		开具其他发票		未开具发票		纳税检查调整		合计		价税合计	服务、不动产和无形资产扣除项目本期实际扣除金额	扣除后	
		销售额	（销项应纳税额）	销售额	（销项应纳税额）	销售额	（销项应纳税额）	销售额	（销项应纳税额）	销售额	（销项应纳税额）			（含税免税销售额）	（销项应纳税额）
		1	2	3	4	5	6	7	8	9=1+3+5+7	10=2+4+6+8	11=9+10	12	13=11-12	14=13÷(100%+税率或征收率)×税率或征收率
一般计税方法计税	全部征税项目	13%税率的货物及加工修理修配劳务	1													
		13%税率的服务、不动产和无形资产	2													
		9%税率的货物及加工修理修配劳务	3													
		9%税率的服务、不动产和无形资产	4													
		6%税率	5													
	其中：即征即退项目	即征即退货物及加工修理修配劳务	6													
		即征即退服务、不动产和无形资产	7													

续表

项目及栏次		开具增值税专用发票		开具其他发票		未开具发票		纳税检查调整		合计		价税合计	服务、不动产和无形资产扣除项目本期实际扣除金额	扣除后	
		销售额	(销项应纳税额)	销售额	(销项应纳税额)	销售额	(销项应纳税额)	销售额	(销项应纳税额)	销售额	(销项应纳税额)			(含税销售额)	(销项应纳税额)
		1	2	3	4	5	6	7	8	9=1+3+5+7	10=2+4+6+8	11=9+10	12	13=11-12	14=13÷(100%+税率或征收率)×税率或征收率
二、简易方法计税	全部征税项目	6%征收率	8													
		5%征收率的货物及加工修理修配劳务	9a													
		5%征收率的服务、不动产和无形资产	9b													
		4%征收率	10													
		3%征收率的货物及加工修理修配劳务	11													
		3%征收率的服务	12													
	其中：即征即退项目	即征即退货物及加工修理修配劳务	13a													
		即征即退服务、不动产和无形资产	13b													
		即征即退服务	13c													
	预征率		14													
	预征率		15													
三、免抵退税	货物及加工修理修配劳务		16													
	应税服务		17													
四、免税	货物及加工修理修配劳务		18													
	应税服务		19													

本期进项税额明细如表 24-4 所示。

表 24-4　　　　　增值税纳税申报表附列资料（二）

（本期进项税额明细）

税款所属时间：××××年××月××日至××××年××月××日

纳税人识别号：　　　　　　　　　　　　　　　金额单位：元（列至角分）

纳税人名称（公章）：　　　　　　　　　　　　填表日期：

一、申报抵扣的进项税额					
项目	栏次	份数	金额	税额	
（一）认证相符的增值税专用发票	1=2+3				
其中：本期认证相符且本期申报抵扣	2				
前期认证相符且本期申报抵扣	3				
（二）其他扣税凭证	4=5+6+7+8a+8b				
其中：海关进口增值税专用缴款书	5				
农产品收购发票或者销售发票	6				
代扣代缴税收缴款凭证	7				
加计扣除农产品进项税额	8a				
其他	8b				
（三）本期用于购建不动产的扣税凭证	9				
（四）本期用于抵扣的旅客运输服务扣税凭证	10				
（五）外贸企业进项税额抵扣证明	11				
当期申报抵扣进项税额合计	12=1+4+11				

二、进项税额转出额			
项目	栏次	税额	
本期进项税额转出额	13=14 至 23 之和		
其中：免税项目	14		
集体福利、个人消费	15		
非正常损失	16		
简易计税方法征税项目	17		
免抵退税办法不得抵扣的进项税额	18		
纳税检查调减进项税额	19		
红字专用发票信息表注明的进项税额	20		
上期留抵税额抵减欠税	21		
上期留抵税额退税	22		
其他应做进项税额转出的情形	23		

续表

三、待抵扣进项税额				
项目	栏次	份数	金额	税额
（一）认证相符的增值税专用发票	24			
期初已认证相符但未申报抵扣	25			
本期认证相符且本期未申报抵扣	26			
期末已认证相符但未申报抵扣	27			
其中：按照税法规定不允许抵扣	28			
（二）其他扣税凭证	29=30 至 33 之和			
其中：海关进口增值税专用缴款书	30			
农产品收购发票或者销售发票	31			
代扣代缴税收缴款凭证	32			
运输费用结算单据	33			
四、其他				
项目	栏次	份数	金额	税额
本期认证相符的增值税专用发票	34			
代扣代缴税额	35			

表24-4对本期进项税额明细进行了明细分类，只要根据表中对应的情况逐一如实填写即可。

例如，差旅运输服务取得增值税填列在"一、申报抵扣的进项税额"中"（二）其他扣税凭证"中，栏次为8b，同时在"（四）本期用于抵扣的旅客运输服务扣税凭证，栏次为10，有此项目的也要填列。王丽特别强调，这一内容是2019年增值税改革新增加的内容，是重点，是以前没有的，要和会计的账面金额相核对进行填报。

增值税纳税申报表附列资料（三）（服务、不动产和无形资产扣除项目明细）如表24-5所示。

表 24-5　　　　　　　　　增值税纳税申报表附列资料（三）
（服务、不动产和无形资产扣除项目明细）

税款所属时期：××××年××月××日至××××年××月××日

纳税人识别号：　　　　　　　　　　　金额单位：元（列至角分）

纳税人名称（公章）：　　　　　　　　　填表日期：

项目及栏次	本期服务、不动产和无形资产价税合计额（免税销售额）	应税服务扣除项目					期末余额
		期初余额	本期发生额	本期应扣除金额	本期实际扣除金额	
	1	2	3	4=2+3	5(5≤1且5≤4)	6=4-5
13%税率的项目	1					
9%税率的项目	2					
6%税率的应税服务（不含金融商品转让）	3					
6%税率的金融商品转让项目	4					
5%征收率的项目	5					
3%征收率的项目	6					
免抵退税的项目	7					
免税的项目	8					

增值税纳税申报表附列资料（四）（税额抵减情况表）如表24-6所示。

表 24-6　　　　　　　　　增值税纳税申报表附列资料（四）
（税额抵减情况表）

税款所属时期：××××年××月××日至××××年××月××日

纳税人识别号：　　　　　　　　　　　金额单位：元（列至角分）

纳税人名称（公章）：　　　　　　　　　填表日期：

序号	项目	期初余额	本期发生额	本期应抵减税额	本期实际抵减税额	期末余额
		1	2	3=1+2	4≤3	5=3-4
	一、税额抵减情况					
1	增值税税控系统专用设备费及技术维护费					
2	分支机构预征缴纳税款					
3	建筑服务预征缴纳税款					
4	销售不动产预征缴纳税款					
5	出租不动产预征缴纳税款					

续表

二、加计抵减情况					
序号	加计抵减项目	期初余额	本期发生额	本期调减额	本期可抵减额	本期实际抵减额
		1	2	3	4=1+2-3	5
6	一般项目加计抵减额计算					
7	即征即退项目加计抵减额计算					
8	合计					

王丽告诉楚楚，比如，公司购买税控盘，签署了技术服务协议的，就可以填列到表24-6中序号1的项目"增值税税控系统专用设备费及技术维护费"，填列"本期发生额""本期应抵减税额""本期实际抵减税额"。

接下来，填报增值税减免税申报明细表，如表24-7所示。

表24-7　　　　　增值税减免税申报明细表

税款所属时期：××××年××月××日至××××年××月××日

纳税人识别号：　　　　　　　　　　金额单位：元（列至角分）

纳税人名称（公章）：　　　　　　　填表日期：

一、减税项目						
序号	减税性质代码及名称	期初余额	本期发生额	本期应抵减税额	本期实际抵减税额	期末余额
		1	2	3=1+2	4≤3	5=3-4
	合计					
二、免税项目						
序号	免税性质代码及名称	免征增值税项目销售额	免税销售额扣除项目本期实际扣除金额	扣除后免税销售额	免税销售额适用税率	免税销售额对应的进项税额
		1	2	3=1-2	—	4
	出口免税					
	其中：跨境服务					
	合计					

楚楚所在的公司没有增值税减免事项，所以表24-7可以不填。

以上就是增值税纳税申报需要填报的表格。将附列资料填报后，增值税纳税申报表中的数据会自动生成。王丽以本月数据为例，逐一示范。楚楚很快就清楚了整个流程。

4. 根据应交增值税计算附加税费。

只要计算出了本期应交增值税税额，附加税费就好计算了，按比例和公式进行计算。如城市维护建设税，楚楚所在公司，按应交增值税的7%计提，教育费附加和地方教育费附加，分别按应交增值税的3%、2%计提。

城市维护建设税、教育费附加、地方教育费附加申报表如表24-8所示。

表24-8　　　城市维护建设税、教育费附加、地方教育费附加申报表

税款所属时期：××××年××月××日至××××年××月××日

纳税人识别号：　　　　　　　　　　　金额单位：元（列至角分）

纳税人名称（公章）：　　　　　　　　填表日期：

纳税人信息	名称					单位 ✓ 个人 □					
	登记注册类型					所属行业					
	身份证件号码					联系方式					

本期是否适用增值税小规模纳税人减征政策（减免性质代码-城市维护建设税：×××××××，减免性质代码-教育费附加：×××××××，减免性质代码-地方教育附加：×××××××）	是：□ 否：✓	减征比例-城市维护建设税(%)
		减征比例-教育费附加(%)
		减征比例-地方教育附加(%)

税（费）种	计税（费）依据				税率（征收率）	本期应纳税（费）额	本期减免税（费）额			
	增值税		消费税	合计			减免性质代码	减免额		
	一般增值税	免抵税额								
	1	2	3	5=1+2+3	6	7=6×5	8	9	10	11	12=7-9-10-11
教育费附加					0.03						
地方教育费附加					0.02						
城市维护建设税县城、镇（增值税附征）					0.07						

谨声明：本纳税申报表是根据国家税收法律法规及相关规定填表的，是真实的、可靠的、完整的。

纳税人（签章）：　　　年　月　日

经办人：

经办人身份证号码：　　　　　　　　受理人：

代理机构签章：　　　　　　　　　　受理税务机关（章）：

代理机构统一社会信用代码：　　　　受理日期：年 月 日

本表一式两份，一份纳税人留存，一份税务机关留存。

5. 其他小税种的计算与申报。车船使用税、房产税都是按年来计算申报的，到了申报期便要进行申报。这两种税不经常发生，印花税经常发生，如签订的购销合同，要按购销合同金额的万分之五计算缴纳印花税。王丽特别提示楚楚：按不含税价计提印花税。不要看金额小，积少成多，聚沙成塔。

6. 计算企业所得税。这个其实不是出纳的工作，而是会计的工作，要根据会计核算出的数据进行申报。上个月艾会计把报表编制出来了，损益表上的净利润是×万元，企业所得税是25%，应交企业所得税×元，如表24-9所示。

表24-9 **中华人民共和国企业所得税月（季）度预缴纳税申报表（A类）**

税款所属时期：××××年××月××日至××××年××月××日

纳税人识别号：　　　　　　　　　金额单位：元（列至角分）

纳税人名称（公章）：　　　　　　　填表日期：

预缴方式	☑ 按照实际利润额预缴	☐ 按照上一纳税年度应纳所得额平均额预缴	☐ 按照税务机关确定的其他方法预缴
企业类型	☑ 一般企业	☐ 跨地区经营汇总纳税企业总机构	☐ 跨地区经营汇总纳税企业分支机构

预缴税款计算		
行次	项目	本年累计金额
1	营业收入	
2	营业成本	
3	利润总额	
4	加：特定业务计算的应纳税所得额	
5	减：不征税收入	
6	减：免税收入、减计收入、所得减免等优惠金额	
7	减：固定资产加速折旧（扣除）调减额	
8	减：弥补以前年度亏损	
9	实际利润额（3+4-5-6-7-8）\按照上一纳税年度应纳税所得额平均额确定的应纳税所得额	
10	税率（25%）	
11	应纳所得税额	
12	减：减免所得税额	

续表

13		减：实际已缴纳所得税额	
14		减：特定业务预缴（征）所得税额	
15		本期应补（退）所得税额（11-12-13-14）\税务机关确定的本期应纳所得税额	
		汇总纳税企业总分机构税款计算	
16	总机构填报	总机构本期分摊应补（退）所得税额（17+18+19）	
17		其中：总机构分摊应补（退）所得税额（15×总机构分摊比例__%）	
18		财政集中分配应补（退）所得税额（15×财政集中分配比例__%）	
19		总机构具有主体生产经营职能的部门分摊所得税额（15×全部分支机构分摊比例__%）×总机构具有主体生产经营职能部门分摊比例__%）	
20	分支机构填报	分支机构本期分摊比例	
21		分支机构本期分摊应补（退）所得税额	
按 季 度 填 报 信 息			
季初从业人数		季末从业人数	
季初资产总额（万元）		季末资产总额（万元）	
国家限制或禁止行业	口是　口否	小型微利企业	口是　口否
季初从业人数		季末从业人数	
谨声明：此纳税申报表是根据《中华人民共和国企业所得税法》《中华人民共和国企业所得税法实施条例》以及有关税收政策和国家统一会计制度的规定填报的，是真实的、可靠的、完整的。整的。 　　　　　　　　　　　　　　　　　　　　法定代表人（签字）：　　　年　月　日			
纳税人公章： 会计主管： 填表日期：年 月 日	代理申报中介机构公章： 经办人： 经办人执业证件号码： 代理申报日期：年 月 日		主管税务机关受理专用章： 受理人： 受理日期：年 月 日

最后，是个人所得税的代扣代缴。前面王丽已经手把手教过楚楚，自然楚楚对这一块已经能很熟练地操作了。

第三步，申报缴纳。公司与税务、银行签订了委托缴税三方协议书，可以网上缴纳。委托缴税三方协议书的内容如下：

委托缴税三方协议书

甲方：　　　　　　　　　（税务机关）

乙方：　　　　　　　　　（纳税人）

丙方：　　　　　　　　　（纳税人开户银行）

为方便纳税人申报纳税，提高税款征收、入库效率，实现财、税、库、银横向联网征收税款，甲、乙、丙三方经共同协商，同意就甲方应征收乙方的税款（包括基金、费，下同）通过丙方从乙方指定的纳税专户或基本账户上以电子扣缴的方式办理转账，签订如下协议：

1. 乙方确定丙方为其横向联网电子扣缴税款业务的经办银行，同时确定在本协议中指定的账户为横向联网扣税账户。乙方授权丙方按甲方发送的扣税指令从该账户上扣缴申报的应纳税款。

2. 甲方授权丙方按横向联网扣税指令从乙方横向联网扣税账户上自动扣缴相应的税款。

3. 乙方保证在法定申报税期内，其横向联网扣税账户上保留不少于应纳税款的资金，并能正常结算。如因乙方账户余额不足或不能正常结算导致扣缴税款不成功，延误缴税的，其法律责任由乙方承担。

4. 税款扣缴成功后，丙方应根据甲方发送的横向联网电子税票信息及时打印《电子缴税付款凭证》给乙方。如丙方未按规定开具《电子缴税付款凭证》，其法律责任由丙方承担。因计算机故障、自然灾害、电力中断、通信故障或其他不可抗力造成丙方不能及时打印凭证的，丙方应予免责。

5. 乙方需要甲方开具完税凭证的，甲方根据征管系统中已入库电子缴款书开具纸质完税凭证。

6. 甲方、丙方根据三方确定的乙方纳税人识别码，纳税人名称，税务机关名称、代码，开户银行名称、行号，扣税账号，协议书号等资料在双方计算机系统中建立统一的纳税档案。甲方、丙方如因计算机系统升级或其他原因需要更改纳税档案中有关资料，应书面通知对方同步修改，如一方对建立的纳税档案中有关资料需做更改，未通知对方修改，由此造成横向联网系统扣缴税款不成功的，应承担由此造成的法律后果和相应经济责任。

7. 乙方扣税账户中扣税资金有误，丙方应协助甲方、乙方核对。但与扣税无关的资金，由丙方与乙方核对。

8. 甲方、丙方通过横向联网系统扣缴税款时，因计算机故障、自然灾害、电力中断、通信故障或其他不可抗力造成乙方不能及时缴纳税款，乙方应予免责。因计算机系统或通信故障造成的账务差错，甲方、丙方依照适用法律法规纠正处理，并负责向乙方解释。

9. 如乙方有正当理由需解除协议时应提前15天书面通知甲方、丙方。

10. 本协议生效期内发生的纠纷，三方应协商解决。经协商后不能解决的，由当事人根据相应的法律法规申请仲裁或诉讼。

11. 本协议在三方盖章后生效。除国家法律法规另有规定外，本协议长期有效。乙方如注销税务登记，本协议即自行终止。

12. 本协议一式三份，甲、乙、丙三方各执一份，具有同等法律效力。

13. 三方协议信息项：

以下内容由税务机关填写：
协议书号编号（1）：
协议书号编号（2）：
纳税人税务登记名称：
纳税人识别号（统一社会信用代码）：
征收机关名称：
征收机关代码（1）：

征收机关代码（2）：
以下内容由纳税人开户银行填写：
开户银行名称：
开户银行账号：
清算银行行号：
缴税账号：
缴税账户名称：

填写说明：

（1）协议书号由各级税务征收机关统一编制，长度不超过18位，按征收机关代码（11位长度）+协议书编号进行编制（7位长度）。

（2）开户银行名称：纳税人开户银行的中文名称，使用规范化简称。

（3）开户银行行号：纳税人开户银行内部系统的行号。

（4）清算银行行号：上述账户的开户银行指定的人民银行国库清算资金的清算银行行号（12位），清算银行行号为清算银行的支付系统行号，由丙方填写。清算银行由开户银行的上级行统一确定（总行或分行），既可以是支付系统直接参与者，也可以是间接参与者。

（5）缴税账号：是与缴税账户对应的银行存款账号，必须与银行系统内开设的账号完全一致，不得使用短号码账号。

（6）缴税账户名称：纳税人用于支付税款的银行存款账户的账户中文名称，必须与银行开户时的预留账户名一致。由乙方填写。

甲方:(盖章)　　　　　乙方:(盖章)　　　　　丙方:(盖章)

经办人员：　　　　　　经办人员：　　　　　　经办人员：
　　　　　　　　　　　委托代理人：
　年　月　日　　　　　年　月　日　　　　　　年　月　日

"我们公司与银行、税务签订委托缴税三方协议书了吗？"楚楚问道。王丽说："肯定签了，这是必须的。"

"那么，怎样查税款是否已经缴纳了？"楚楚心中还有疑问。

王丽告诉楚楚："这很简单，公司有一个账户是专门缴纳税款的，税款一旦缴纳，关联的手机就会收到短消息提示，公司网银也有提示。"

跟着王丽学习了纳税申报的实务操作后，楚楚觉得自己收获颇丰。

纳税申报，按期申报，
主税先报，附税跟报，
个人所得，代扣代缴。

24. 纳税申报

25. 银行事务

作为出纳，要经常去银行存现金、取现金、拿回单、办理汇款、拿对账单、开户、销户、购买支票等，这些工作不复杂，但很烦琐，容不得半点马虎。

为了快速提高楚楚的工作能力，王丽又给楚楚安排了一项工作，让楚楚办理银行授信的有关事务。

楚楚在网上查询后得知：授信，是指银行向客户直接提供资金支持，或对客户在有关经济活动中的信用向第三方做出保证的行为。

授信按期限分为短期授信和中长期授信。短期授信指一年以内（含一年）的授信，中长期授信指一年以上的授信。

授信方式可分为基本授信和特别授信。基本授信是指商业银行根据国家信贷政策和每个地区客户的基本情况所确定的信用额度。基本授信的额度在授信有效期内可循环使用。如汉口银行对法定经营范围内常规业务经营所规定的权限授信为基本授信。

特别授信是指商业银行根据国家政策、市场情况变化及客户经营的临时需要，对特别项目及超过基本授信额度所给予的授信。特别授信的额度是一次性的，不可循环使用，如汉口银行对法定经营范围内的创新业务、特殊融资项目及超过基本授权范围的业务所规定的权限可进行特别授信。

授信按是否在财务报表中反映分为表内授信和表外授信。表内授信包括贷款、项目融资、贸易融资、贴现、透支、保理、拆借和回购等；表外授信包括贷款承诺、保证、信用证、票据承兑等。

总之，涉及的信息量大，需要了解的知识多，楚楚对企业在银行这一块的业务不熟悉，只知道有几个银行存款账户，账户上有多少余额等，其他情况知之甚少，看来又得边学边问了。

前段时间，楚楚向艾会计请教："怎么您的会计知识这么丰富呢？您是怎样学的呢？有没有可以在短时间内速成的？是不是跟王丽一样，也有几个绝招，教教我。"

> 小楚啊，哪有什么绝招，会计知识需要日积月累。要说有绝招，学问，学问，一学二问。这就是绝招。

楚楚还没问，王丽已经将准备好的一大叠资料交给了她，让她到银行去办理。

楚楚看了下手头的资料，包括如下内容：

一、营业执照（副本及复印件）。

二、公司简介和公司最新章程复印件。

三、法定代表人身份证明及其个人信息。

四、近三年经审计的资产负债表、损益表、业主权益变动表及销量情况。

五、本年度及最近月份存借款及对外担保情况。

六、近二年税务部门纳税证明资料复印件。

七、近期的大额购销合同。

八、董事会成员和主要负责人、财务负责人名单和签字样本等。

九、董事会同意申请授信业务的决议、文件。

十、股东大会关于利润分配的决议。

十一、项目现金流量预测及营运计划。

授信业务由楚楚办理，王丽还提供了法定代表人授权给楚楚的委托书原件。

还没等楚楚开口问，王丽便详细向她介绍公司与银行的合作情况。

公司的基本户开在汉口银行，与金融机构存贷款业务的合作也以汉口银行为主。公司曾经在基本户的汉口银行办理过流动资金贷款、项目贷款和固定资产专项贷款。项目贷款和固定资产专项贷款项目已经结束，贷款已经归还，目前合作的是流动资金贷款，属于银行授信业务中的短期授信业务，需要每年授信一次。王丽说："你先去银行送资料，资料交给银行信贷部办理公司业务的张主任。资料送过去，银行还要审核，或许还要补充其他资料或者提供其他数据，我们根据银行的要求后续跟进。"

银行信贷部办理公司业务的张主任接待了楚楚，将她上交的资料逐一进行了审查，边审查边询问公司的近期状况。楚楚如实回答，产销正常。楚楚心里清楚，她要像王丽、艾会计和钱经理一样，延续公司和银行的良好关系，千万不能因为她的不当行为，而让银行对公司产生不良印象。这也就是艾会计常说的形象问题，她现在既代表公司财务部的形象，也代表着公司的形象。

"楚出纳，缺一项重要资料，近期签署的主要销售合同。这是我们审核的重点，将根据合同签署的情况，决定授信额度。王丽没告诉你吗？"张主任审查资料后问道。

"噢，可能是王丽忘了，我回去问问，然后给您送来。"楚楚并不知道签署销售合同的事情，只能随机应变。但仔细一想，也在情理之中。银行要确定贷款额度，需要知道用贷款去做什么业务，业务量有多大。

楚楚回到公司跟王丽一说，王丽拍着脑门自责道："哎，真是糊涂了，连这么重要的事情都忘记了。"其实资料的第七项就是近期的大额购销合同。王丽准备了，但报送资料时，只提供了采购合同的复印件，漏掉了销售合同的复印件。她分成了两本，只提供了采购合同复印件的那一本。

楚楚看王丽一副自责的样子，忙安慰道："也不能全怨您，俗话说'智者千虑，必有一失'。"

一句话说得王丽笑了起来："你还挺会安慰人的。我们做财务的要多留神，多记一些事，多考虑一些问题，这是财务的职责所在，不能为自己的失误找借口。"

在楚楚心中，艾会计不但业务熟悉，办事干练，样样精通，而且遇事考虑周全，基本没出过错，是爱岗敬业的典范。王丽虽然没有艾会计那样精明强干，但至少在很多方面是超过自己的，是自己的师傅。现在仅仅只遗忘了一个细节，还这样自责，更让楚楚心生敬意。看来自己要学的东西还有很多，不仅仅是业务方面，还有职业道德方面。楚楚上班后给父母打过电话，告诉他们自己现在已经上班了。父亲在电话里说："先做人，再做事。"艾会计、王丽在工作中，用实际行动告诉自己，如何先做人。

"别小看这些细节，细节决定成败。"王丽将整理好的销售合同复印件交给楚楚，感叹道："好在不是原则性问题，我们还可以及时补救。还等什么呢，按银行的要求，尽快将近期签署的销售合同送过去吧。"

公司要与银行建立密切的合作关系，这样公司才能不断发展壮大，银行也才能从中获利，合作共赢。

26. 内部审计

内部审计是为了及时发现问题、分析问题、解决问题，改进工作，并为公司及时修正预算、调整策略、堵塞漏洞等提供决策依据。

今天早上一上班，楚楚便发现财务部来了三位客人，而且气氛有点紧张，不同往常。楚楚刚给客人泡好茶，艾会计便给楚楚做了介绍："他们是集团公司的内部审计人员，这是审计处的王处、小吴和小张，他们一行三人组成审计组，到我们公司进行内部审计。"

楚楚到公司后，慢慢熟悉了公司的情况。公司是集团公司下属的一家全资子公司，每年集团公司都会派审计人员对公司进行两次例行审计。一次是半年审计，另一次是年度审计，检查财务纪律和财务内部控制制度的实施，及时将情况反馈到集团公司，便于集团公司掌握情况，也便于编制合并报表。

此次虽然是半年审计，也需要进行全面审计。审计的内容包括收入执行的进度情况，支出的预算执行情况，销售与收款环节的流程与控制，采购与付款环节的流程与控制，日常经营支出环节的流程与控制，执行财务制度的情况，包括日清月结、印鉴分管、备用金制度，以及是否坐支现金等，还要对存货进行监盘，进行现金盘点，核对银行账户余额等。楚楚的主要任务是做好接待，配合艾会计提供资料，做好现金盘点，核对银行账户余额，协助存货盘点。

刚到公司时，楚楚以为自己的上级就是艾会计和钱经理，熟悉公司情况后才知道，公司还有上级，还需要接受集团公司的审计监督与检查。艾会计和钱经理对王处一行人是有问必答，认真汇报。公司现在是无纸化办公，审计组一人一台笔记本电脑，需要哪方面资料，便复制哪方面资料，方便快捷。看审计组的人、艾会计和钱经理都如此认真，楚楚更不敢马虎大意。她明白，审计就是查账，现在查的就是她和王丽、艾会计做的账。

审计组先进行了现金盘点，楚楚对现金盘点业务已经轻车熟路，平时艾会计对楚楚要求比较严格，楚楚也做得认真，及时发现问题，及时处理问题，当天的事情，当天处理完毕。所以这次审计组来抽查盘点现金就进行得很顺利。

接下来是核对银行存款余额，公司已经开通了网银，可以直接查询公司余额，但艾会计还是让王丽陪同审计组小张一起到银行去拿银行存款对账单。楚楚根据银行存款对账单的收入和支出情况，快速地编制了各个账户的银行存款余额调节表，也顺利地通过了审计组的检查，而且审计组还肯定了楚楚的工作。楚楚心里美滋滋的。

其他方面的审计情况，楚楚有的业务不熟悉，有的业务还没有涉及，由艾会计、钱经理在配合。销售与收款环节的流程与控制，采购与付款环节的流程与控制，执行财务制度的情况，预算的执行情况，日常经营支出环节的控制等情况，都是艾会计和钱经理配合审计组检查。一切进行得井然有序，配合得很默契。

楚楚进出都是蹑手蹑脚的，生怕弄出大的声响影响审计组的工作。这是一次很好的学习机会，艾会计说了，要把握这样的机会，不懂就问，学问学问，一学二问。可是楚楚不敢随便问，担心问的问题太肤浅，审计组会笑话她，只能憋在心里，想等审计组走了以后，再问王丽、艾会计。她俩都是自己的师傅，在师傅面前就不怕出丑了。

艾会计不时让楚楚拿几月份的第几号凭证，楚楚马上将凭证找出来，交给审计组，等审计组看完凭证后，再重新归档。公司出纳移交的当期档案，审计组核对并留存了复印件。艾会计对王丽和楚楚完成的现金盘点表都进行了归档，审计组也过目了，编制的银行存款余额调节表，审计组也进行了核对。上半年每个月的会计报表，以前给集团公司传过电子文件，这次审计组在艾会计的计算机上进行了复制，应收账款的明细表也进行了粘贴，还让艾会计对应收账款进行了账龄标注，分析差异，查找原因。虽是内部审计，但也不走过场，每个环节都很认真。

钱经理和艾会计都表了态，希望审计组认真审计，查找问题，查出问题，有利于及时改进工作。

审计组的王处安排小吴对存货进行盘点，让楚楚协助。楚楚到公司后，还是第一次到仓库，也是第一次接触存货盘点。她想：存货盘点应该跟现金盘点一样，现金盘点是对现金进行盘点，存货盘点就是对实物进行盘点。原理应该都是一样的，不过是形式和方法不同而已。

公司仓库对存货进行了明确的分类，有原材料、包装物、半成品和产成品。原材料和包装物存放在一个仓库，产成品和半成品存放在另一个仓库。仓库建有台账，既有计算机账，也有手工台账，还有存货卡片账。其实仓库的账就是上期账面数加上本期入库数，减去本期出库数，等于本期期末结存数。只有数量，没有金额。原材料的计价方法有先进先出法、移动加权平均法、个别计价法等，公司采用的是移动加权平均法对原材料进行计价。产成品和半成品，仓库只有数量，没有金额，金额全部是由财务的艾会计进行核算的。这些知识，楚楚还停留在书本上，在大学里学过，但并没有在实践中接触过。现在好了，机会来了，她要参加存货盘点了。

由于公司在存货方面的控制比较严格，而且实行的是永续盘存制，虽然比较麻烦，但确保了账实相符。集团公司对公司的情况比较了解，每年都进行全面盘点，后来测试了公司的采购与入库流程环节、原材料生产领用出库环节，以及产成品、半成品的入库流程后，认为存货管理存在弊端的风险较小，所以现在采取的是抽样盘点。

小吴编制了存货盘点表，如表 26-1 所示。

表 26-1　　　　　　　　　　　存货盘点表

项目		账存数	实盘数	差异数	原因
原材料	1.				
	2.				
	3.				
包装物	1.				
	2.				
	3.				
产成品	1.				
	2.				
	3.				
半成品	1.				
	2.				
	3.				

监盘人：　　　　　　　　　盘点人：　　　　　　　　　盘点日期：

小吴根据重要性原则，对主要原材料、主要包装物及主要产成品进行了抽样盘点，前面是账存数，后面是实盘数，表格的下面是监盘人和盘点人签字，接下来是盘点日期。楚楚以前总是接受别人的检查，现在第一次有机会检查仓库的账，盘点仓库的实物了，感到既新鲜又好奇。楚楚按捺住心中的激动，老老实实跟在小吴的后面，按照盘点表中的实物明细随同仓库保管员进行盘点，对公司生产产品所需要的原材料、包装物现在也有了初步印象，按艾会计的话说，接了地气，对公司的产品也有了感性认识。原来采购部张强买的就是这些原料，销售部赵金诚卖的就是这些产品。

清点盘查完毕，账实相符，仓库保管员和楚楚在盘点人处签了名字，小吴在监盘人处上也签上了他的名字。楚楚以为万事大吉了，可小吴又带着她到了生产车间查看半成品的情况，生产车间已经从原材料仓库领用了原材料，包装车间也从包装仓库领用了包装物，但都还没有形成产成品，没有入库。

楚楚发工资时曾经到过生产车间的办公室，可真正下到生产车间和包装车间还是第一次。看到产品从流水线上快速地下来，生产工人忙碌的身影，包装人员娴熟的包装技艺，楚楚脑海中终于有了一个从原材料到半成品最后经过包装形成产成品的全流程印象。原来整天坐在财务部，两耳不闻窗外事，一心只做出纳账，现在才清楚，公司的天地竟如此广阔，以前真是坐井观天，想来实在汗颜。

小吴到生产车间核对了当天生产车间从原材料仓库领用原材料的记录单，又到包装车间核对了包装车间当天从包装仓库领用包装物的记录单，逐一核对相符后，才和楚楚回到财务部，开始整理自己的审计工作底稿。

楚楚回到财务部，如释重负，一天的盘点工作很辛苦，可学到了很多知识，楚楚对公司的整个生产流程有了全方位的认识，这对以后从事出纳工作大有裨益。

　　以前常在单据上看到原材料、包装物这样的名词，却从未目睹过实物形态，现在终于眼见为实了。有的原材料价格高，有的包装物用量大，现在都逐一对号入座了。以前曾经怀疑自己将发票看错了，那么多数量，金额却不大，到实地一看就清楚了，原来计量单位小，而且价格确实不高。以前开发票时所开的产成品，现在全部都有了实体印象，再也不用凭空想象了。以前曾经纳闷，为什么同一产成品，会分出几种规格来，其实很简单，包装不同而已，有大规格的包装，有小规格的包装。这下终于好了，自己从公司财务的"呆小楚"变成"活小楚"了。

> 财务只有深入生产车间和包装车间，才能对业务有全方位的了解。

27. 经济普查

　　财务不能因循守旧，要与时俱进，对于新业务、新的财务法律法规、新的税收政策，要不断加强学习，此外，还要熟悉公司的环境、行业的环境，做到心中有数，只有知己知彼，才能百战不殆。

　　内部审计组对公司的审计圆满结束。审计组肯定了公司的财务工作，也提出了一些具体要求，比如财务人员要全面系统学习《企业会计准则》并随时关注政策变化，只有不断学习，才能提高会计职业技能，从而胜任本职工作。总结交流时，总经理、财务总监和钱经理、艾会计都到场了。楚楚没有参加会议，但参加了送别的工作餐。

　　审计处的王处和小吴、小张对楚楚印象都很好，对楚楚的评价也

很高，一个新手能做到这样已经很不错了，当然也肯定了艾会计和钱经理的指导与培养。同时提出要求，让艾会计和钱经理多给她提供锻炼的机会，公司财务也要培养新人。

内部审计组走后，政府又开始经济普查。钱经理向总经理汇报后，公司决定让楚楚当公司普查员配合经济普查小组，做好经济普查工作。

各个公司的普查员都要按通知要求，到普查小组去开会。会上，普查小组的郭组长讲了经济普查的重要性和必要性。做好经济普查，才能做到心里有底，才会在经济发展中不出现盲人摸象的情况。通过经济普查，可以了解经济结构、发展动态，分析经济发展的趋势，有利于摸清家底，制定宏观发展策略，调整结构，转型升级，优化组合等。总之，这就相当于一次对经济的"健康体检"，对公司也有好处，让公司也对自己进行一次普查，从而制定公司的发展战略。

楚楚在大学学过这方面的知识，用到的基本都是统计原理，对现实情况进行统计，并和以前的历史数据进行对比分析。要求就是两个"实"，一是如实申报，二是真实反映。调查的内容繁多，表格就有几十张。楚楚浏览了一下，有公司类型、从业人员情况、财务状况、生产经营情况、生产能力、能源消耗、科技活动情况等。

楚楚到公司后，接触最多的是采购部和销售部，一个是付钱，另一个是收钱，其他各部门接触的并不多，当然了解得也不多，现在好了，机会来了。公司类型，行政法务部有这方面的资料。从业人员情况，如职工人数、男女比例、年龄结构、学历水平、技术职称，人事部有这方面的资料。财务状况，找艾会计就行了。通过公司的财务状况，可以了解公司资产有多少，流动资产有多少，固定资产有多少，负债有多少，公司的家底就摸清了。以前找工作应聘时，就想找家大公司，找家好公司，其实看了公司的财务状况就知道了，可应聘时谁会将真实的财务状况透露给一个来应聘的求职者呢？

生产经营情况、生产能力、能源消耗可以到生产车间去了解。虽然计算工资、发放工资时，楚楚到生产车间去过，可那也只是在车间的办公室，没有下到车间，楚楚对生产经营情况一无所知，更不知道生产车间的生产流程，好在集团公司进行内部审计，自己参加过存货盘点，到生产车间的现场去过一趟，但那也只是走马观花。公司有几条生产线，年生产能力是多少，是否达到满负荷生产，开工率有多少，能源消耗有多少，在楚楚的头脑中还都是一张白纸。

科技活动情况，要到研发部去了解。从研发部可以了解到行业的诸多情况，如行业的最新动态、行业的发展前景、行业的发展方向、本公司在行业中所处的地位、公司新产品的开发情况等，通过配合经济普查工作，整个公司的形象在楚楚心中逐渐清晰起来。

本职工作不能丢，经济普查工作只能挤时间。一有空闲，楚楚便到各部门，认真统计，收集数据，不懂就问，力求达到如实申报、真实反映。星星点灯，晚上下班回到家，楚楚继续加班汇总，闺蜜洋洋在旁边打趣道："哎哟，瞧我们楚楚，多认真，是评上了先进，还是多给了加班费？"

楚楚嫣然一笑。楚楚知道闺蜜洋洋是心疼自己，这么晚了还要加班。楚楚心中顿时涌出一股暖流。

其实洋洋内心挺佩服楚楚的。和自己的大大咧咧、活泼开朗相比，楚楚是个内秀型的女孩，办事有种不服输的韧劲，做事持之以恒。楚楚刚上班时，闺蜜洋洋还以为她过不了几天就会回来诉苦的，可一直到现在也没有听过她的一句牢骚话，倒是看她工作干得很起劲，而且靠她的财务知识，一声不响就帮自己把店铺开了起来。

洋洋不知道，自从上次艾会计跟楚楚说，要爱上会计之后，楚楚便真开始爱上会计了。她现在是干一行，爱一行，精一行，专一行。

有了爱岗敬业的精神，工作起来也就不觉得烦琐了，学习知识马上联系实际工作，就会起到事半功倍的效果。有些工作，看似和财务无关，比如这次经济普查，其实关系很大，如果自己对公司的情况都不熟悉，怎么能开展工作，怎么会将工作做好？财务不是孤立的，是和各部门紧密相联的。熟悉了全面情况，工作起来才能得心应手，至少不会犯低级错误。

而且，经济普查不是简单的统计记录，在统计记录之中，还要分析，还要思考，要透过现象看本质。正如艾会计所说："要勤学习，善思考。"为什么公司要实行这样的政策，制定这样的制度，形成这样的规划布局等，虽然这些看起来有点宏观，但知晓这些，对工作很有帮助。

楚楚参加这次经济普查，得到了普查小组的认可，普查小组的郭组长还在大会上对她和公司进行了表扬。这个信息自然也反馈到了公司，公司的郑总刚开始还有疑惑，一个到公司还没半年的小女孩，真就配合普查小组把工作做得这样好？他半信半疑地将楚楚叫到办公室，问楚楚公司的账务状况、生产经营情况、生产能力等，楚楚一一道来，不禁令郑总刮目相看。

> 经济普查，看似和财务无关，深入之后便会发现，和财务工作密切相关。

28. 税务稽查

税收是国家财政收入的主要途径之一，税收取之于民，用之于民。

楚楚配合经济普查小组的工作出色完成以后，还从普查小组领回了一块"优秀普查企业"的奖牌，这让艾会计大为欣慰。这不仅是一块奖牌的问题，也是对楚楚工作的认可、对公司财务部工作的认可，更是对公司工作的认可。

今天主管税务局通知，要到企业进行税务稽查。

公司的主管税务机关是市税务局一分局，公司的主要税种是增值税和企业所得税。楚楚来公司后，还没和税务局的工作人员打过交道，到税务局开会，办理涉税事项，都是艾会计和钱经理去的。税务部门的人对她也不熟悉，到公司财务部后，先跟艾会计打过招呼，才发现出纳换了人，由以前的王丽换成了现在的楚楚。

楚楚按照艾会计说的，已经准备好了茶水，热情地给每位税务人员端上热茶，同时自我介绍："我叫楚楚，来公司半年多了，学的是会计专业，工作做得不好的地方，请多批评指正。"

税务检查组的张科长说："你好，很高兴认识你！我们这次到你们公司是对税务事项进行检查，看看有没有问题。"

楚楚听从钱经理、艾会计的安排，接待税务检查组。

其实这次税务检查，涉及楚楚的工作事项很少，主要是钱经理和艾会计的工作，楚楚的工作是做好配合。

税务检查一般是检查经常性的纳税事项，主要是增值税的纳税事项，以及与增值税有关的其他附加税事项，如果增值税没有错误，附加税就很少发生错误。增值税主要是检查"应交税费——应交增值税（销项税额）""应交税费——应交增值税（进项税额）"的计算是否正确，已交税金和未交税金的核算是否正确，抵扣是否及时，是否有逾期的、不符合规定的，是否全面，有无漏记的，是否有已开发票应记应交税金而未记的，是否有税率错误的。

楚楚要配合的就是提供相关的资料，包括销售发票、销售清单、收款记录、发票进项税额的抵扣联、在税务机关申报的抵扣记录、原材料采购清单、付款记录、已交税金的税单等。

王丽已经请了产假，这些资料都移交给了楚楚。楚楚这才理解王丽说税务资料要保存完好，这就跟以前父母让自己多读书一样，书到用时方恨少，平时妥善保管好了资料，现在是要之则有，有则能起到证明的作用。

口说无凭，税务部门注重的是证据，证据就是无声的证人。 王丽移交给楚楚时，重点提示楚楚，什么资料放在什么地方，放在哪个档案柜里，楚楚按图索骥，一找一个准，既方便又快捷。

增值税是主税之一，检查完增值税还要检查附加税，附加税包括城市维护建设税、教育费附加、地方教育费附加等，这些都是根据主税的比例计算得来的，如果主税不错，跟着主税的附加税一般也不会错，这些资料王丽整理得很详尽，保管得也很齐全，楚楚找起来不费吹灰之力。

对年度事项和不经常发生事项的检查，包括企业所得税、车船使用税、土地使用税、房产税、印花税等。企业所得税是年度税，每年按季预缴，年终汇算清缴。税务部门一是核算去年的所得税是否足额缴纳了，二是核算今年的所得税是否按季度足额预缴了。所得税要核算的方面很多，要根据所有的收入和所有的支出进行核算，有的支出还有规定的扣除比例，并不是全额扣除的，比如管理费中的业务招待费，以及工资、福利费、工会经费、教育经费、业务宣传费等，每检查一个科目，楚楚便对这一科目的会计核算与税务核算的区别有了了解，难怪艾会计说要多和税务机关的人员沟通，要多向他们学习，和他们交朋友，果真受益匪浅。

钱经理在税务部门来检查之前，就跟楚楚交待了，要热情大方、不卑不亢，不要担心税务部门检查出问题，有问题就及时改正。

其他小税种，如车船使用税、土地使用税、房产税、印花税等，企业涉及的就要缴税。主管税务机关对公司的情况比较熟悉，有哪些税，没有哪些税，他们基本心中有数，再说公司的会计资料、税务资料都准备得齐全，楚楚也配合得很好，很快他们便将公司应交、已交、未交税金的情况摸得一清二楚了。

检查组的小陈专门负责发票的检查，看有无不正规的发票入账，有无开票单位与领用单位不一致的情况，有无涂改的，增值税专用发票有无不符合规范的，抵扣是否及时，核算是否正确等。楚楚这才理解了艾会计为什么平常对发票审核那么严格，还要用铅笔在每张发票上写个"查"字，后来发票的审核工作交给自己，平常自己也按艾会计的要求认真审核，现在才知道审核的好处。但也还有"漏网之鱼"，而且这"漏网之鱼"多半是经过自己的手入账的，小陈检查出来时，楚楚无地自容，满脸通红，恨不得找个地缝钻进去，等着小陈和艾会计批评自己。

好在小陈和艾会计并未批评自己。小陈说："其他企业比你们这里的问题多得多，你们这里还算是规范的"。艾会计说："我们主要是通过检查发现不足，然后汲取教训，改进完善。"税务检查组可真是火眼金睛，什么事都瞒不过他们，什么发票都逃不过他们的"法眼"。看到楚楚钦佩的眼神，小陈说："我们从事的是这项工作，比别人钻研得多一点，平时多留意了一点。可就是这两个一点，也是说起来容易做起来难。"楚楚认为自己比别人已经钻研得够多的了，留意得也够多的了，看来还是不够啊。

艾会计那边涉及企业所得税的，也有需要调整的事项，小税种也有"漏网之鱼"，张科长和钱经理、艾会计逐一沟通。钱经理和艾会计核对后，应该向检查组说明情况的进行了说明，应该签字的签字，应该调整的调整了，应该补缴税款的补缴了税款。一切都在友好和谐的气氛中进行着。

最后是资料的收集。根据检查组的要求，公司要准备哪些资料，艾会计要楚楚逐一提供，该复印的复印，该提交的提交，该申报的申报，该写情况说明的写情况说明，连检查组的张科长都觉得在公司的检查相当顺利，公司配合得好，对钱经理和艾会计竖起了大拇指，说难怪你们公司年年是纳税信用单位，工作做得很到位，就连你们新来的楚出纳，都是一个难得的人才。楚楚本就因自己工作中的小失误，给公司在这次检查中带来了影响而深深的自责，现在听检查组表扬自己，更加无地自容了。

资料收集完后，检查组的外勤工作就告一段落了，回去后，检查组会给公司一个文字性的纳税评估报告。如果公司有异议，可以再用文字资料进行反馈。其实评估报告中的内容，检查组的张科长都已经和公司财务部的钱经理、艾会计沟通过了，钱经理和艾会计都已经认同了，该反馈的也已经反馈了，报告的内容公司已基本认可，只差报告这个结论性的书面文书了。

检查组临走前，张科长当着钱经理和艾会计、楚楚的面说："你们公司财务做得很规范，看来今年的纳税诚信单位又有你们公司一个。"

钱经理和艾会计谦虚地说："我们也有做得不到位的地方，以后努力改进，也希望您多多指正。"

张科长笑道："还是互相学习吧，公司有些特殊情况，我们也不熟悉，我们工作中有些做得不到位的，也希望你们多多批评指正。"

> 平时在工作中就要收集整理好相关票据，保证会计凭证手续齐备、规范合法。

29. 继续教育

继续教育是对专业技术人员进行知识更新、补充、拓展和能力提高的一种高层次的追加教育。

税务部门检查过后,公司接到了会计局关于组织财务人员参加继续教育培训的通知。钱经理和艾会计商量后,决定让艾会计和楚楚分开去学习。王丽请了产假,财务部不能没有人值班,还要留个人处理日常事务。艾会计每年都参加继续教育培训,知道每年培训的内容都不相同,参加完继续教育培训,在工作中感到执业能力明显增强。这次因为税务部门的纳税评估报告还没来,艾会计提议让楚楚先去。

楚楚第一天参加继续教育培训的内容是会计职业道德。老师首先讲的是从事会计工作的目标是什么,要做什么,怎么做,这些都与会计职业道德密不可分。

会计职业道德的内容:爱岗敬业、诚实守信、廉洁自律、客观公正、坚持原则、提高技能、参与管理、强化服务。看似简单的八条,做到却不容易。

老师讲会计职业道德的时候,有些学员听得不认真,因为来参加继续教育培训的学员,都是在职员工,而且是在不同的财务岗位上工作，大部分人是想听实务课，向老师请教专业问题，让老师答疑解惑的。老师列举了一系列财务人员未遵守职业道德而引发的案例，以及他们受到的处罚，以此达到警钟长鸣的效果，但许多学员并未引起重视。楚楚却听得认真，而且在听课时，常常将老师讲的内容和自己的日常工作联系起来，和自己的公司联系起来，和自己联系起来。别人没当回事，她倒是觉得，这堂会计职业道德课，触及了自己的灵魂，对自己以后从事财务工作很有帮助。

老师在总结会计职业道德时，说这八条规范要薪火相传。在具体到每条规范时，基本都讲了一个或几个小故事。

讲爱岗敬业，老师讲到了鲁班。作为木匠的他能成为一代宗师，就因为他爱岗敬业、刻苦钻研，正所谓"三百六十行，行行出状元"。这一点楚楚深有感触，艾会计对自己有言传身教之功，还要自己爱上会计，自己现在确实也爱上了会计。

讲诚实守信，老师讲到了现代会计之父潘序伦创办立信会计学校时所立的校训：信以立志、信以守身、信以处事、信以待人、毋忘立信、当必有成。可见"信"对于会计之重要。诚实守信是能否赢得别人尊重和友善的重要前提条件之一。

讲廉洁自律，老师讲到了陈毅说的"手莫伸，伸手必被捉"。于谦在《石灰吟》中写道"粉骨碎身浑不怕，要留清白在人间"，这也应该是会计人廉洁自律的心声。会计人应该将自己的清白记录到会计分录之中，装订到会计凭证之中，汇总到会计报表之中。

讲客观公正，老师引用的是竞技体育的案例。众目睽睽之下的竞技体育比赛，由多个裁判打分，体现的就是客观公正的原则。客观公正是会计人员处理会计实务时应恪守的原则。

讲坚持准则，老师讲到了在生命受到威胁之时，还能发表经典文章《蓝田之谜》，揭露蓝田水股做假之事的刘姝威。

讲提高技能，老师引用了韩愈在《进学解》中说的"业精于勤，荒于嬉；行成于思，毁于随。"提高技能要勤学苦练。孔子曰："学而时习之，不亦说乎？"

会计人员参与管理，就需要钻研与公司相关的业务知识，否则一问三不知，一窍不通是谈不上管理的。同时也要熟悉公司的业务流程，了解行业情况，知己知彼。楚楚对此深有感触，自己计算工资的时候，到仓库、生产车间参加盘点，参与企业的经济普查，对自己的帮助都很大，这为自己以后参与管理奠定了基础。

强化服务，楚楚也有深刻的感受，上班没多久，艾会计就给她讲过会计人员在从业过程中，要做到讲文明、讲礼貌、讲信誉、讲诚信，努力维护和提升会计职业的良好社会形象。

以前提到会计职业道德，楚楚总认为是虚的。通过这次学习，楚楚觉得自己的内心充实了许多，丰富了许多，精神上有了支柱，仿佛有种脱胎换骨的感觉。

接下来的培训内容是企业内部控制规范。

楚楚在学习企业内部控制规范时，将内部控制与自己所在的公司联系起来，与自己的日常工作联系起来，达到了事半功倍的效果。

企业的内部控制环境，楚楚在参与企业经济普查时，有了大致的了解。企业的内部控制环节有许多，其中财务是重要的一环，而出纳岗位就是其中的一环。管钱的不管账、管账的不管钱、管审批的不管账也不管钱，印鉴分管制度，现金支付管理规定，不能坐支的规定，艾会计每月坚持自己到银行拿对账单，而不让出纳去拿，日清月结制度，内部审计制度，包括人事部门与自己签的保密制度，公司内部规定的借款制度，费用报销制度等，现在都能和老师讲的内部控制联系起来了。

楚楚参加培训期间，也没耽误工作。中午休息时间，她便赶回公司处理业务，下午培训结束后，她也不是直接回家，而是先回公司处理业务，编好现金日报表，做好日清工作。钱经理和艾会计都很满意。楚楚培训完后，艾会计去培训，财务部就剩楚楚一个人了。楚楚已经有过多次单独处理业务的经历，再者经过这次培训，更加成熟了，完全能够独当一面，处理业务也是游刃有余。钱经理在隔壁办公室旁观，明显感觉到了这种变化。

  艾会计的感受更直接，因为艾会计参加培训后，每天也是先回公司处理当天的业务才回家。在处理当天的业务时，她发现了楚楚的进步与成长，特别是和楚楚沟通培训的体会与感受时，楚楚能发表自己的观点，说得头头是道。艾会计发现和楚楚沟通起来比以前顺畅多了，有了很多共同语言，而且楚楚像变了一个人似的，比以前稳沉多了，处理事情有章可循，有条不紊，出现的问题也比以前明显地减少了。请艾会计这个师傅帮忙解决的事越来越少了，楚楚还有点不习惯，相反，她倒是经常给师傅艾会计帮忙。看到这些变化，艾会计看在眼里，乐在心里。

> 会计行业需要不断学习和积累经验。
> 活到老，学到老。

29. 继续教育

30. 年度结转

大家都在辞旧迎新的时候，财务人员也要进行年度结转了，结转旧账，建立新账。

春去冬来，转眼间楚楚到公司已近一年了。大雪纷飞之中，旧的一年过去，新的一年到来，艾会计和楚楚忙得晕头转向。

其实年底忙是正常现象。到了年底，平常的工作照常，其他一些事项累积到年底要进行年结，就显得比平常要忙。各个往来单位要对账，该清收欠款的要清收欠款，该给客户支付货款的要支付货款，生产车间、销售部都要核算预算完成情况，核算之后才能计算年终奖，年终仓库也要进行盘点，这些都是财务部的工作，有很多工作都和楚楚相关，只有这些工作都办完后，才能进行年度结转。

楚楚的工作都是艾会计安排的，艾会计的工作更多。销售欠款的明细艾会计打印出来了，楚楚根据名册逐一通知销售人员，让他们到对方单位对账，进行确认并签字、盖章，同时追讨欠款。采购人员已经多次到财务部来问过支付货款的事情了，钱经理和艾会计商量支付方案后，跟

主管账务副总汇报，也确定了支付方案，已经交到了楚楚手中，只等她去执行了。公司内部的零星个人欠款，楚楚也分别通知到人，如果借款人经济上特别困难，也可以从其年底工资和奖金中扣除，她已经分别和借款人进行了沟通。

销售部和生产车间都在加班加点核算工资，核算完要交财务部审核，仓库的年终盘点也需要财务部参加。艾会计和楚楚忙得焦头烂额，好在王丽产假结束，回公司上班了。楚楚的职责少了一部分。王丽的小孩正在哺乳期，公司在每天的劳动时间内为哺乳期的女职工安排1小时的哺乳时间。此时，楚楚心里有种浮躁的感觉，特别是听到不时响起的鞭炮声，眼前就浮现出过年时的场景。可是艾会计还是和往常一样平静，不慌不忙。楚楚从内心佩服艾会计在这个时候还能静下心来，稳得住阵。看来这就是新会计和老会计的区别。

自从实行会计电算化后，会计的年度结转比以前轻松多了。特别是会计方面的年度结转，每个会计科目进行结算，年度结算完成后，只需要备份，然后在计算机上操作即可自动进行结转。但出纳手工账簿，还是要手工结转的，比如现金日记账和银行存款日记账。

12月29日是本年度上班的最后一天了，然后就要元旦放假。放假日期为12月30日、12月31日、1月1日。也就是说，12月29日这一天，既是资金周报的日子，也是资金月报的日子，还是资金年报的日子。楚楚要做好两项工作。一是现金盘点，做完现金盘点，要把现金盘点表交艾会计审核，现金盘点时，也要让艾会计进行监督，然后楚楚和艾会计同时在现金盘点表上签字确认。二是银行存款的核对及银行存款余额调节表的编制，12月29日的数据，无论是现金，还是银行存款，都将是企业年度报表中的重要数据，必须核对准确，楚楚将可以从系统中打出来的银行电子回单全部打印出来，需要银行盖章的银行电子回单，元旦过后她会和艾会计一起到银行去盖章，所有银行账户，不管有没有余额，必须准确无误，她将资料全部收集汇总后，和会计账面金额进行了核对，将资料扫描，存了电子文档。这部分资料是会计师事务所年度报表审计时需要提供的必备资料。

楚楚按常规进行了日清月结。先是12月29日的现金日报表，再就是12月31日的现金日报表，12月30日、12月31日、1月1日放假三天，不会有业务发生。然后楚楚进行现金盘点，编制月结表和银行存款余额调节表，艾会计审核后，楚楚又开始审查生产车间、销售部的工资及奖金清册，公司的奖金也有规定，各部门报上来的，楚楚要按公司的规定进行核对，看看是否符合公司管理制度，楚楚审核后再交艾会计复审，然后交钱经理、主管财务副总及郑总经理签字，还要配合仓库进行实物盘点。事情一件件妥善处理后，楚楚也开始像艾会计一样淡定下来。元旦一上班，楚楚便开始进行年度结转。

12月份的损益表、年度损益表、年度资产负债表、年度现金流量表艾会计都编制好了，该调整的调整了，该结转的结转了，该备份的备份了，接下来就是建立新账。今年的结旧建新很顺利，这其中也有楚楚的功劳，好多具体事务都是楚楚协助艾会计处理的，而且处理得很好。

经过近一年的磨练，楚楚已经能熟练地处理出纳岗位的各项日常事务了，她也理解了为什么实行会计电算化后，还要保持现金日记账和银行存款日记账手工记账的方式。所有的原始单据交给艾会计后，艾会计并不全是按楚楚的分类进行记录，艾会计有时会将同类合并，不同类的再加以区分，也就是说艾会计的账并不是和楚楚的账绝对吻合，虽然最终金额肯定是一致的。可是一旦发生错误，要查找起来，只有计算机账，没有楚楚详细登记的手工账，就要麻烦得多。手工账是最详细的、最原始的记录，逐一再现和还原了经济事项最原始的轨迹，虽然楚楚平时工作烦琐一些，但出现问题很容易查找，所以她现在对登记手工账乐此不疲，自然进行年度结转也就容易了。

楚楚在旧账本的最后一行盖上了"结转下年"的印章，将余额结零，这是结旧。

新账本已经买了，上面还贴了印花税的花，余额艾会计已经核对了。在两本新账本——现金日记账和银行存款日记上，楚楚先盖了记账人员"楚楚"的印章，然后拿到艾会计处，请艾会计在审核人员处盖上了她的印章，最后又到钱经理处，请钱经理在财务部门负责人处盖上了钱经理的印章。然后在新账面的第一面的第一行盖上了"上年结转"的印章，将现金余额记入现金日记账中，银行存款日记账有几个账户，她也分成几个账户，逐一将余额进行结转，这是建新。

艾会计的结旧建新很简单，已经实行了会计电算化，只要单击几下鼠标，计算机就会自动生成。艾会计在几年前就感受到了会计电算化所带来的便利。今年的银行授信，还有年底的结算等，楚楚都用了计算机技术，特别是到年底，财务结算并不全在财务软件中，有的还需要核算辅助账表、自制的账表，这些都需要通过 Excel 文档来处理。楚楚已经成了这方面的高手，将大表套小表，母表套子表，表和表之间有关联、有勾稽关系的，楚楚还设定了公式，能自动计算和汇总，基本可以算是自己开发了一个适合公司情况的小软件。艾会计由衷地感慨："长江后浪推前浪，浮事新人换旧人。"

> 年度结转，结旧建新，是会计分期的一个重要标志，是岁末年初的一项重要工作。

30. 年度结转

31. 年度总结

时光荏苒,岁月如梭,一晃到了写年度总结的时候了。总结不是单纯地盘点罗列所做的具体事项,而是系统回顾和梳理以往的工作,使之条理化、系统化,然后上升到理论的高度,要总结工作中取得的成绩、存在的不足,明确今后工作的发展方向。

岁末年初,是财务部最忙碌的时候。财务部里人来人往,除了算账、对账,基本就两件事,一是来交款的,二是来要款的。这都是楚楚的分内之事。

现在楚楚已经完全融入了公司的工作氛围。司机杨华、采购部张强、销售部赵金诚、行政法务部吴慧慧、生产车间的小杨、保安部的孙队长,甚至包括食堂后勤的人都认识了楚楚,都认可她的工作,跟她结账,从来没出过错,也都很信任她。楚楚自己总结了一下,得益于自己参加了结算工资的工作、仓库盘点的工作和公司经济普查的工作,说到底就是做了许多和财务相关的综合工作,大概这就是培训老师所说的业财融合吧,不然自己绝不会这么快融入公司。

对内都熟悉了,对外的关系也要融洽。银行、税务、工商、社区,还包括和公司有业务往来的供应商、销售商等,要得到各方的认可,可不是一件容易的事。楚楚牢记继续教育培训提到的会计工作要强化服务,自己的一言一行,代表财务部的形象、公司的形象。楚楚严格要求自己，外协单位不仅认可了楚楚，还对她竖起了大拇指，交相称赞。

楚楚在王丽、艾会计和钱经理的熏陶下，养成了爱岗敬业的工作态度、脚踏实地的工作作风。

楚楚刚开始接任出纳工作时，总是考虑一些具体问题怎样处理，收款收多少，开票开多少，付款付多少，取得客户方什么样的原始凭证，怎样编制各种表格。现在考虑的则是处理问题的方法和态度，只要有了思路，方法得当，一切问题就会迎刃而解。遇到问题，楚楚不急不躁，先分析问题，再解决问题。有了成绩，楚楚也不骄不躁，不仅波澜不惊，还有了老财务人员的那种沉稳。

到了年末，楚楚开始整理自己的工作思路。从财务管理的角度说，年末应该对公司一年来的投资、生产、经营、管理等工作进行总结，编制决算报告，并总结经验教训。决算不仅仅是盘点，还是在对预算执行进行考核，与上年同期进行分析对比，查找原因，分析问题，以利于下一年开展工作。

楚楚也要盘点一下自己一年的工作，做好一年的工作总结，总结过去，筹划未来。

有了上次半年工作小结的经验，楚楚现在不是单纯地罗列自己所做的具体事项，而是厘清自己在出纳这个岗位上所做的分类分项的工作，梳理自己在工作中的感悟与体会，以及在工作中学到的知识、原则和方法。通过近一年的出纳实务工作，楚楚进步很快。

公司行政法务部安排了年度工作总结，各部门都要进行年度工作总结，公司每个员工也要写年度工作总结。平常的工作很具体、很烦琐、很细致，没有工夫静下心来认真思考，现在楚楚通过对过去的工作进行回顾、总结，看到了工作中存在的不足：哎呀，前天的事处理得好幼稚，还有昨天进行年度结转时也太想当然了。想起艾会计常说，"我们财务人员在工作中发现错误，最关键是要及时采取措施弥补过错，知错就改，汲取教训，不犯同样的错误。"楚楚想起爸爸曾教育自己说要"每日三省吾身"，看来静坐常思己过，太有必要了。

正所谓"凡事预则立，不预则废"。楚楚在总结过去的同时，也要开始对出纳工作进行新一年的预算和筹划。

钱经理和艾会计作为自己的领导，没有提出具体要求。楚楚暗下决心：新的一年里，自己要继续学习和成长，初级会计职称考过了，还要考中级会计职称、高级会计职称，还要考注册会计师，当然在学习的同时不能影响工作，自己要学会在工作中学习，在学习中工作，在工作中提高，对待工作要兢兢业业、精益求精。

让楚楚没有想到的是，公司评选年度优秀员工，财务部的钱经理和艾会计都推荐了她。钱经理是管宏观工作的，为公司出谋划策。艾会计是公司的老员工了，处理财务工作滴水不漏，在楚楚面前从来没摆过老资格的架子，而是以一个长者的身份，像对自己的女儿一样帮助楚楚。还有王丽，楚楚刚来时，她就有了身孕，但依然坚持工作，产假一结束，小孩还在哺乳期，她就来上班。怎么说优秀员工都轮不到自己。楚楚涨红了脸去跟钱经理和艾会计沟通，说自己做得还不够，优秀员工应该推选艾会计或王丽。可钱经理和艾会计却执意推荐楚楚当优秀员工。

楚楚没有想到的还在后面。公司员工集体评选优秀员工时，竟然有许多同事投了她的票，如司机杨华、采购部张强、销售部赵金诚，还有人事部的任主管、行政法务部的小吴、保安部的孙队长、生产车间的小杨等，当然也包括钱经理和艾会计。楚楚最终被评为了公司的年度优秀员工。

公司郑总经理在表彰大会上说："我们对优秀员工的评选是充分民主的，这个荣誉来之不易，是公司及公司员工对先进者过去一年工作的认可。"随后他话锋一转，又说道："去年的优秀不能代表未来，我相信优秀员工会对得起这个荣誉，不会辜负公司及公司全体员工对他们的期待，他们在以后的工作中会再接再厉，做得更好更出色。"郑总经理在台上发言时，楚楚心里有股浓浓的暖意，感恩于钱经理和艾会计、王丽对自己无私的帮助，感恩于公司员工和领导对自己的认可，但同时更感受到了一种无形的压力。

> 年度工作总结是为了总结经验，汲取教训，更好地前行。

32. 年报审计

会计师事务所的审计是客观公正的，社会公众、政府机构、金融机构、债权人、股东都认可。会计师事务所的审计报告相当于鉴证报告，是对公司财务状况和经营成果出具的证明报告。会计师事务所如果不出具客观公正的报告，就会受到行业的处罚和法律的制裁。

这个春节是楚楚上班后度过的第一个春节。除了值班的保安，公司财务部的人员是最后放假的，艾会计和楚楚坚守到腊月二十八，等所有的员工都结账了，财务部的人员才放假。

走之前，艾会计和楚楚关好窗户，锁好档案柜、保险柜、抽屉和办公室的防盗门。现在楚楚和艾会计一样，从容自如，没有急着回家过年的心思，离开公司以前，想的都还是公司的事，现在做的就是安全保卫工作、防范工作。临走时艾会计还一再叮嘱保安，让他有情况就随时和自己联系。

楚楚回到家和父母度过了一个愉快的春节。年后楚楚一上班就进入了工作状态。

会计师事务所来了三位老师，到公司进行年报审计。带队的张老师和艾会计看起来是老熟人了，双方热情地打招呼，互致新年问候。张老师向艾会计介绍同行的李老师和王老师，艾会计向张老师一行人介绍财务部的钱经理、王丽和楚楚。张老师、李老师和王老师是审计组的成员。

会计师事务所进行的年报审计是由集团公司安排的。通过近一年的工作，楚楚早已弄清了公司的架构。楚楚所在的公司是集团公司下属的18家二级子公司之一。每年都由集团公司统一聘请会计师事务所进行年报审计，实行的是统一的政策和标准。

艾会计告诉楚楚，经过会计师事务所审计的年报有很多用途。一是集团公司统一管理和内部监督的需要；二是每年向银行申请流动资金贷款，银行为了规避风险，都会要求公司提供经会计事务所审计的财务报表；三是现在工商管理由以往的年审变更为公告制度，公司也要对外公告，这是公司的形象问题，公司真实的财务状况和经营业绩也是公告的内容之一。

楚楚去年接受过两次审计，一次是集团公司的内部审计，另一次是税务部门的专项审计。经过前两次审计，楚楚这次有了经验。此次审计和前两次一样，艾会计是主角，王丽、楚楚是配角。王丽主要是接受税务事项的审计，楚楚主要是接受货币资金的审计，同时配合艾会计和审计组做好资料的收集整理、仓库盘点、应收账款的核对等工作。这些工作楚楚现在做起来已经是轻车熟路了。

会计师事务所的审计截止时点是去年的12月31日。但楚楚的货币资金不可能还原到那个时点。审计组有办法，他们采取的是倒推法。以楚楚现在的货币资金数额，对12月31日到现在的货币收支业务进行加减，然后倒推出12月31日的货币资金数额，将这个数额和楚楚12月31日的账面数额相核对。数额相符便说明公司账面的货币资金数额是如实反映的。审计组说明原理，楚楚便理解了，自然接下来的工作就很顺利。

第一步是对楚楚现在的货币资金数额进行盘点。一是现金盘点，二是核对银行存款账户余额，编制银行存款余额调节表。

首先是对楚楚12月31日到现在的现金收支情况进行汇总，楚楚每天编制现金日报表，艾会计的账面也有准确的数额，而且两者的数额相符，审计组检查确认也方便。

然后是确定公司12月31日的货币资金余额。审计组根据倒推出来的货币资金数额，和艾会计的账面金额相核对，货币资金余额准确无误。银行存款余额是审计组根据银行出具的12月31日的对账单，和艾会计的银行存款账面金额核对，银行存款余额准确无误。涉及楚楚的审计事项便圆满结束了。

楚楚接着配合的还有应收账款的核对事宜。去年年底，艾会计便安排了此项工作，能收的账款基本都收回来了，未收到的账款，欠款单位也按要求在询证函上进行了确认并盖章。公司内部确定了应收账款的责任人，还约定了欠款单位的还款时间，这些主要是销售人员的工作，他们在公司有保证金，到期不能收回的应收账款要扣销售人员的保证金，所以销售人员也有压力，都会竭尽全力去清收的。

艾会计配合审计组负责账面金额的审计，外围的存货盘点由楚楚负责配合。存货的盘点和集团公司去年审计进行的仓库盘点是一个道理，方法也基本相同，只不过此次审计组抽查盘点的实物和上次略有不同而已。审计组的李老师自制了一个抽查盘点表格，大项目也是按原材料、包装物、产成品、半成品来分类的。李老师以前未到公司进行过审计，楚楚现在对仓库已经很熟悉了，带着李老师从材料仓库到成品仓库，逐一给李老师介绍仓库的管理人员和所要盘点的物品名称。盘点完后，楚楚和仓库人员在盘点表上签字。

公司是会计师事务所的老客户，会计师事务所已经连续几年对公司进行过年报审计，对公司的情况很熟悉，公司的重要事项审计组的张老师也是心中有数，和公司的钱经理、艾会计沟通起来也很顺畅，会计报表附注中需要重点说明的事项也进行了强调。接下来的后续事宜便是艾会计编写详细的会计报表附注，楚楚按审计组的要求收集、整理资料。会计师事务所的外勤审计便结束了，只等会计师事务所寄出去的应收账款询证函收回来，对应收账款进行确认，艾会计的会计报表附注做好就可以出审计报告了。

楚楚虽然全力配合审计工作，但并不清楚为什么要请会计师事务所进行审计，会计师事务所既不是上级机构，也不是主管税务机关，请会计师事务所审计还要付费。楚楚便虚心向艾会计请教。

艾会计，为什么要请会计师事务所进行审计？

会计师事务所出具的审计报告是以独立的第三方身份，对被审计单位财务报表合法性、公允性发表意见。这种意见，具有鉴证作用，得到了政府及其各部门和社会各界的普遍认可。

艾会计的一番话让楚楚茅塞顿开。读书时，楚楚就听说注册会计师的考试很难通过，而且题量很大，专业水平要求很高。看来要考注册会计师，还真是一条漫长的道路，要打持久战呢。

年报审计是会计师事务所对公司年度财务状况、经营成果及现金流量进行审计后出具的鉴证报告。

32. 年报审计

191

33. 离任交接

清清楚楚地交，正如我明明白白地接。

会计事务所的审计报告还没出具，公司人事部的任主管和财务部的钱经理便将楚楚叫到了任主管的办公室，找楚楚谈话。随着公司业务的发展，特别是集团公司对下属子公司管控的加强，需要向集团公司定期报送和临时报送的各种报表越来越多，公司财务部需要增加一名会计。

公司现有财务人员中可以聘任为会计的有三人，一是王丽，二是生产车间的小杨，三是楚楚。经过组织考察，大家一致认为楚楚较为合适。现在要跟楚楚做好沟通工作，让楚楚做好工作交接。

楚楚应聘到公司，第一个认识的人是任主管，第二个是钱经理，没想到要转岗了，还是这两位领导找自己谈话。任主管和钱经理充分肯定了楚楚一年来的工作，向楚楚说明这次岗位调整是根据公司发展的需要和她自身提高的需要进行的调整，同时这也是财务人员进行轮岗的必要，是内部控制的一项内容。

钱经理现在用起楚楚来相当顺手，楚楚什么情况都熟悉，什么事项都经历过，接手会计，应该没什么问题，更何况还有艾会计指导。至于出纳，换上了生产车间的小杨，她是公司的老员工了，对公司的情况也很熟悉，也在生产车间工作过多年，有财务工作经验，但毕竟以前未在出纳岗位工作过，需要有一个适应的过程。钱经理心想：既然公司决定了，自己肯定要服从上级领导的安排，做好楚楚、小杨的思想工作，并做好后续的交接工作。

这一决定，让楚楚觉得很突然，一下子没有缓过神来。任主管和钱经理说了很多，刚开始她脑海中一片空白。现在要离开这个岗位，到新的岗位去工作，楚楚还真有点舍不得。但任主管和钱经理都说了，这是公司财务内部控制的一个范畴，也是公司发展的需要，同时还考虑到个人的发展，怎么都没有理由拒绝。

楚楚经过短暂的思考后，痛快地回复了任主管和钱经理："我服从公司的工作安排，什么时候进行工作移交，听领导的安排。"

任主管没想到楚楚这么果断，钱经理倒是在意料之中，这是财务部一贯的工作作风，不过他还是有计划有安排的。"小楚，今天移交肯定来不及了，你今天准备一下，明天上午一上班就移交，你觉得怎么样？"

"好的。钱经理，那我回去准备了。"楚楚回财务部准备时，任主管又分别找艾会计和生产车间的小杨谈了话。

艾会计一听要让楚楚任记账会计，心里很高兴。现在集团公司的内部管控越来越严格，需要报送的报表及资料也越来越多，她一个人实在忙不过来。虽然自己没叫苦，但领导看在眼里，放在心上，现在就开始调整了。楚楚在自己手下工作一年了，好学上进，是个好苗子，有培养前途。

小杨在生产车间工作多年，她见证了公司一步一步的发展，虽然没在财务部工作过，但她所从事的工作也和财务工作紧密相关。她对公司各方面的情况都比较熟悉，任主管和钱经理对她的人品都很认可。既然这是公司的决定，两位领导也郑重其事地找她谈了话，她愉快地接受了安排。

这些工作都是幕后的，楚楚并不知晓。从任主管的办公室出来，楚楚心里想的是怎样做好出纳移交。原任出纳王丽与自己进行工作移交的情景还历历在目，王丽移交时没出一点漏洞。楚楚心想：一定要清清楚楚地交，明明白白地接，这是财务人员的基本素质和要求。

早上，楚楚早早地来到了办公室。财务部虽然小，但这是自己近一年来在公司的"家"。现在虽然要转岗了，但还是在这间办公室工作。开水打来了，艾会计的茶杯也洗干净了，师傅对自己像亲生女儿一样，手把手地教会了自己很多知识，楚楚心存感恩。以后的会计工作，还需要艾会计一如继往地指导。

虽然昨天楚楚已经将要移交的事项进行了整理，但只要是一天还没有移交，自己就还要承担一天出纳的责任，站好最后一班岗。晚上休息，楚楚毫无困意，一年来工作的一幕幕如电影一般在脑海中闪现，楚楚心里想着工作移交的事情，怎么也睡不着。

第二天上班，楚楚依旧神清气爽，准备做工作交接。钱经理、艾会计和小杨到办公室时，楚楚已经将办公室打扫得干干净净。都是熟悉的人，不需要介绍了，开门见山，直接办事。

楚楚记得当初和王丽进行工作交接时，自己总结了几句话：

交接交接，一交一接。一交账，二交钱，三交票证与印鉴，四交密码与钥匙，保管保密紧相连。

现在交接还是这个程序。先交账,楚楚已经编制好了账簿移交表,如表 33-1 所示。

表 33-1　　　　　　　　　　　　账簿移交表
　　　　　　　　　　　　　　　　年　月　日

名　称	数　量	备　注
现金日记账	1	余额相符
银行存款日记账	1	余额相符
小计	2	

移交人:　　　　　　　接交人:　　　　　　　监交人:

今年的现金日记账和银行存款日记账楚楚结旧建新没多久,发生的业务也少,楚楚有了近一年的工作经验,两本账簿都没有出过错,没有使用划线更正法进行错账更正,账面十分整洁。小杨接过账簿翻看了一下,原以为楚楚毕竟工作经验不足,难免会有错误,现在看来,是自己低估了楚楚。

接下来是现金移交。楚楚昨天做了最后一次现金日报表,所有的收支项目都已经记录到了昨天的现金日报表中,今天的现金移交,就是纯粹的清点现金了。她也编制了一份现金移交表,如表 33-2 所示。

表 33-2　　　　　　　　　　　　现金移交表
　　　　　　　　　　　　　　　　年　月　日
　　　　　　　　　　　　　　　　　　　　　　　　单位:元

项目	明细		金额
账面余额			5 338.00
现金余额	百元	45 张	4 500.00
	伍拾元	10 张	500.00
	贰拾元	11 张	220.00
	拾元	8 张	80.00
	伍元	6 张(枚)	30.00
	壹元	8 张(枚)	8.00
	伍角		
	壹角		

移交人:　　　　　　　接交人:　　　　　　　监交人:

楚楚已经按金额的大小将资金进行了分类,100 元、50 元的钞票分别放在了一起,100 元、50 元的钞票,楚楚逐一在验钞机上过了一遍,其他票面金额小的钞票，楚楚快速用手清点了两遍，然后交给小杨清点并和现金移交表核对。

楚楚交给小杨时说："小杨，现金账面余额是 5 338.00 元，请您当面清点。"小杨也是老会计了，给生产车间的工人发过很多次工资，从来没出过错，清点这些现金当然是小菜一碟了。很快，小杨便清点完毕，金额相符，大家都分别在移交人、接交人、监交人上签了字。

接下来是票证实物移交。楚楚昨天就将票证实物移交表填制好了，如表 33-3 所示。

表 33-3 票证实物移交表
年　月　日

移交名称	内　容	明　细
1. 现金支票	1. 已用 3 张	票号：08797301-08797303
	2. 未用 22 张	票号：08797304-08797325
2. 转账支票	1. 已用 16 张	票号：03130501-031305016
	2. 未用 9 张	票号：031305017-031305025
3. 收款收据	1. 已用 7 张	票号：0065301-0065307
	2. 未用 18 张	票号：0065308-0065325
4. 财务印鉴	财务专用章	1 枚
	法人代表章	1 枚
5. 钥匙	办公室钥匙	1 把
	保险柜钥匙	1 把
6. 密码	保险柜密码	××××××
	网银密码	××××××
	计算机密码	××××××

移交人：　　　　　　接交人：　　　　　　监交人：

楚楚将支票和收据交给小杨，小杨逐一清点张数并审核票号，楚楚又分别将财务专用章和法人代表章交给了小杨，将保险柜的钥匙从自己的钥匙中取下来，也交给了小杨。钱经理和艾会计这时便走出了财务部的门。楚楚知道这是保密制度，自己要将保险柜的密码、网银密码和计算机密码告诉小杨。

不一会，小杨就熟练地掌握了怎样开启和关闭保险柜，网银的密码和计算机的密码也都有了，于是很爽快地在接交人上签了字，楚楚正在签字时，艾会计和钱经理也进来了。钱经理问道："密码你们都移交好了吗？"

楚楚和小杨异口同声地说："移交好了。"

最后是银行存款余额的核对。楚楚刚接手时，还是艾会计陪同自己和王丽一同到银行去拿的银行对账单，并核对余额。虽然公司有网银，可以不用到银行去核对，艾会计只需在计算机上操作，让小杨在她的计算机上查看一下余额与银行存款日记账上的余额是否相符就可以了，但是出于谨慎性原则，艾会计还是陪同小杨和楚楚跑了一趟银行，分别对余额进行了确认，这是财务制度的要求。

小杨确认后在票证实物移交表上进行了签字确认。小杨签字后，楚楚、艾会计、钱经理也都逐一签了字。

接下来，楚楚将自己装订好的出纳档案也逐一告知了小杨，包括现金日报表、月报表、每月的银行存款对账单、各种作废的票据及存根，每期的出纳盘点表等。小杨接手后，如果要查阅前期的资料，知道在哪里查找。

办完这些后，楚楚如释重负，而小杨也立即进入了工作状态。

出纳移交手续都办完后，钱经理对艾会计和楚楚说："艾会计，您准备一下，明天我们进行会计移交。"

楚楚知道，会计这一新的岗位，在等待着她这位新人。

交接，既是工作岗位的交接，也是工作责任的交接。

33. 离任交接